Neuza Trevizane

SERIAL KILLER NÃO É O VIOLENTADOR, É A VÍTIMA

Neuza Trevizane

SERIAL KILLER NÃO É O VIOLENTADOR, É A VÍTIMA

(a ciência errou)

JustFiction Edition

Cover image: www.ingimage.com

Publisher:
JustFiction! Edition
is a trademark of
Dodo Books Indian Ocean Ltd., member of the OmniScriptum S.R.L Publishing group
str. A.Russo 15, of. 61, Chisinau-2068, Republic of Moldova Europe
Printed at: see last page
ISBN: 978-613-9-42590-7

SERIAL KILLER NÃO É O VIOLENTADOR, É A VÍTIMA (a ciência errou)

BRASIL

2022

DEDICATÓRIA

Minha dedicação é para todas as pessoas que foram violentadas sexualmente ou psicologicamente em qualquer momento da sua vida, e que, por obesidade ou outra forma de fuga, carrega em sua mente a dor eterna (serial killer).

EPÍGRAFE

Serial Keller não é a sequência de atos, é a individualidade perpétua de cada ato na vida das vítimas.

Nairan Piller

APRESENTAÇÃO

Sem muita delonga, hoje vivo bem, aprendi ter posse do necessário e já sinto a idade me pesar na indiferença aos jovens quando a palavra não tem relevância e me preparo para escrever, deixar mensagens de suporte a todos e todas que sofreram violência sexual, e que é possível amenizar a dor através da coragem de saber como vive o violentador, de sentir pena de tanto sofrimento, pois nenhuma mãe prevê ter um filho com esta doença sem cura. Na opção, tenho certo que a mãe preferia a morte ao saber dos danos que causa aos outros. Tenho que meus avós preferiam ter vido o filho morto que saber que causou tanto sofrimento.

NOTAS DA AUTORA

Preferi não submeter a sumário, pois os seguimentos acreditam ser mais atrativos, pois descreve fatos, faz menção a datas e considerações atuais sobre o que ainda fere à pessoa violentada em sua vivência.

Utilizar de todos os verbos em tempos e modos para definir seguimentos da vida, uma saga que se perpetua com o tempo e não elege atores, eles simplesmente acontecem, surgem do nada. Decepcionam, amam, vem e vão dentro de um contexto puramente natural da vida.

Dentro de alguns segundos sua vida se transforma, mas você só percebe que é um ator no cenário da vida quando conhece a origem de todas as coisas.

O que motivou a iniciar a literatura na modalidade de verbos foi a partir da queda, tentativas infrutíferas por algum tempo a um objetivo, sem respostas, que, com o tempo, pareceu não tratar-se de algo relevante.

Em mais uma de tantas quedas, recorri e, sem resultados, busquei sanar a perda, desta vez, de forma diferente, escrever minha trajetória. Passei a entender que minha saga serviria para demonstrar superação e a resposta de por que? Quem? Quando? , em verdades que se encontram ao nosso dispôs e não a exercemos ou emitimos compreensão. A jornada da vida merece acolhida e entendimento sobre quem somos e quais os caminhos permitidos, determinados, quedas, vitórias, ou seja, somos quem queremos ser ou quem pode ser?

"Eu sou" menina, nascida na roça, em uma área de família, onde cada um cuidava da terra na modalidade "termos", divididos por direitos conforme a compreensão do patriarca e matriarca italianos. Filha de José e Maria, irmã de José, nascida em uma casa cuja madeira foi construída pelo meu pai, que também fez tabuinhas para cobrir a casa, que cuidava do gado, e também fez um pomar maravilhoso para sustentar sua família.

Meus pais se casaram e tiveram dois filhos. Minha mãe teve 11 irmãos, meu pai teve 9 irmãos e prevaleceram costumes relacionados à cultura das duas famílias, prevalecendo os hábitos coloniais, mas meu pai tinha um diferencial, era inteligente, astucioso e muito invejado. A adaptação do pouco de terra à cultura era superada, pois era criativo e próspero. Recordo-me que ele colhia à mão a erva daninha do pasto, e era tudo muito lindo e verde. O gado era bonito e ele tinha intimidade com o campo dentro de uma compreensão feliz, harmônica.

Praticamente nasci dentro de uma escola, pois minha mãe era professora e eu tudo ouvia, e sabia de que fui tive como berço uma gamela de madeira, e ai passava boa parte do tempo. Os cuidadores eram os tios, e cresci com os primos pra lá e para cá, sempre conciliada com as atividades da minha mãe, viagens, cursos, aperfeiçoamentos, etc. Mas, achava natural, normal e meus tios e primos nunca me viram como estorvo, acho bem legal ter sido assim.

Quanto às lembranças, me recordo de um resultado forte da minha mãe, quando comecei a ler o jornal do meu pai, da "ARENA", pois eu ficava atenta quando ele subia no mourão da cerca na frente da casa para ouvir a voz do Brasil. Eu sabia que era algo importante, pois os homens conversavam e eram recrutados no dia de votar e era um grande segredo. Me interessar em política aos cinco anos de idade foi bem complicado em 1967, quando minha mãe gritou que eu estava inventando e partiu de canela seca pro meu lado, mas chamei a atenção do meu pai pelo conteúdo que eu li, vez que achou semelhante ao que já havia lido e me pediu para ler para ele. Fui livrada de uma bela surra e descobri que a oitiva em sala de aula me levou a ler, somente a escrita demorou um pouco, mas de tudo a mente já estava preparada. Não recebi elogios ou crítica, o que pra mim foi bem normal, todavia, ao ver meus primos esfregando a cabeça e saindo de cabeça baixa para casa no dia das provas, percebi que alguns não conseguiam entender o conteúdo e não se deram bem nas provas...

Falar em orgânicos em 1968 era inovador, mas meu pai já adubava frutíferas com gado morto. Os vizinhos informavam quando algum animal morria, meu pai cavava o solo profundo e enterrava o animal no buraco próximo à planta para manter a umidade do solo.

A irrigação de cada plantas, em um alqueire de terra era feita com água do poço, por sarilho, e isso ele fazia todos os dias. Os porcos tinham mais filhotes do que as tetas do animal e ele cuidava na garrafa de leite até que estivessem prontos para comer comida. Havia muita fartura de tudo o que me traz lembranças da abundância e prosperidade de alimentos, frutas, verduras, legumes, leite, queijo, gado e de viver de galho em galho, chupando cana, tomando água de coco.

A prosperidade parece não ser real como descrevo, mas, é real. Meu pai era sábio e tinha uma visão empreendedora diferente, vendia frutas 9 (coco) e os caminhões vinham buscar para levar para a praia, daí sempre tinha dinheiro para manter a família, o que não acontecia com outros tios, que mesmo possuindo a mesma quantia de terra, pareciam na produzir tanto.

Aos domingos eu e meu irmão ganhávamos dinheiro para comprar balas na igreja, e isso era bom. Não era muito, mas ele mantinha com dignidade a sua função de gestor da família e isso era bom, dava uma segurança, pois meus primos alguns não ganhavam e eu percebia que ficavam olhando, porém, eu dividia sempre com quem estava ao meu lado.

Após a reza do domingo, as comadres e os compadres se divertiam, elas, conversavam sobre assuntos da casa, eles, jogavam boliche de madeira em um campinho de areia, e me recordo que meu avô era o líder e um tio, cuidava das ferramentas e do campo. As crianças corriam de lá para cá e ao final, o almoço era na casa da avó, que fazia suas guloseimas maravilhosas.

Minha vó tinha um pote de barro onde a gente se servia com uma caneca de alumínio com cabo a água. Tudo era simples. O fogão de barro, e não havia privada, mas tinha um local para tomar banho, não era de bacia. A dejeção ocorria em baixo de um pé de laranja, o que não entendo, pois tanto capricho na cozinha e não tinha lugar para fazer cocô. Fiquei vigiando um dia para ver o padre ir defecar, mas não consegui o flagrante, pois levei uma topetada na cabeça e nem lembro o final para contar.

Daí, a curiosidade estava sempre presente e só agora, posso revelar que a gente limpava a bunda com sabuco de milho, folha de bananeira, etc., e que resgatei o jornal do meu pai, que era proibido, de dentro da fossa, para conseguir ler, pois não motivei minha mãe a me ajudar e "aquele jornal" falava palavras difíceis, além da sala de aula. Tinha uma tinta preta, umas palavras grandes e eu não aguentávamos mais os bê-á-bás iguais todos os dias, as cartilhas, a mesma bendita tabuada e copiar, copiar, copiar.

Ingressei na primeira série na idade certa, pois até então não era permitido ingresso antes dos 7 anos, acho que é bem isso, mas não pude entrar antes. E, curiosa, comecei a aprontar, pois me metia em tudo, em todas as encrencas, uma personalidade exigente.

Além de ser criada por tios, tias, primos e avós, há mais ou menos cinco aos eu soube que mais uma amiga da minha mãe cuidava de mim, me levava pra casa dela para costurar vestidos pra mim. Me recordo de apenas um vestido (rosa claro, de cintura, com lacinhos e mais um ridículo quando tinha quatorze anos....que mal tampava meu esqueleto, pois aos quatorze já tinha 1,76m.

Nas aventuras, eu tinha sono leve, ia pra feira com meu avô de carroça, com o burro chamado "despacho", que nos conduzia, pois nós dois dormíamos durante o percurso de córrego do café para montanha...onde tudo acontecia. Meu avô era o galã das madames, pois trazia todas as encomendas e minha avó sequer sabia que ela era o “popular”., daí voltávamos, ele trazia pão doce para vender na cantina da igreja aos domingos, vez que os pães normais eram caseiros feitos em casa. Trazia balas também para revender, doces, refrigerantes quentes, e um certo dia, inventou de trazer uma caixa de doces em conserva em latas. Não tive dúvidas, retirei cada adesivo de papel, recortei e guardei para “decorar meus cadernos novos” quando os tivesse, pois sonhava com cadernos que vi num armazém quando meu avô comprava pão. Passei a mão no caderno e desejei por meses tocar novamente, o arame era lindo, as folhas tinham linhas e imaginava ter meus cadernos guardados e bem decorados. Claro que meu avô surtou, mas meu tio me defendeu. Só eu não sabia que a defesa, mais tarde, teria um preço que marcaria toda a minha vida e me levaria para um amadurecimento superior.

Me recordo que em uma festa de escola, eu tinha um balão amarelo e pintei uma bolinha no pescoço do balão, pois para mim ele era muito importante. Estava brincando com o balão e minha prima tomou de mim, pois o dela havia estourado, lutei para provar que era meu e o protetor me disse que não era para brigar, pareci me trazer segurança, quando hoje observo que tratava-se de um assédio, já, quando eu tinha cinco anos, um trato diferenciado para mim, bem diferente para com minhas primas, o que me leva a pensar ser uma presa fácil e vulnerável.

A vida seguia da mesma forma, dia após dia. Eu via minha mãe nervosa comigo sempre, pois gostava de usar batom, pintar as unhas e ficar livre, incumbindo as tarefas da casa para uma empregada doméstica e a mim sempre algum serviço, o que nunca neguei em fazer, mas ela trabalhava na escola.

Me recordo de que ela recebia salários por ano e ia às compras, e de certa feita ganhei uma sombrinha vermelha e gostei muito, mas não usei mais que uma vez, pois minhas atividades preferidas eram caminhar pelo pomar, ver os animais, comer frutas e logo fui incumbida de ajudar a fazer comida para os ajudantes do meu pai na roça, sequer sabia o que estava fazendo, mas sabia fritar ovos e esquentar a carne de porco na lata, fazer arroz e cozinhar o feijão. Não entendi, mas obedecia.

Tinha muitos pesadelos à noite, pois havia pregos atrás da porta do meu quarto e lá ficavam penduradas as roupas para vestir, e essas roupas se moviam à noite, daí sempre durante o dia eu estava sonolenta. Sentia a energia da natureza e os animais e aves gostavam de mim. Tinha um ninho de beija-flor na árvore que acessava a janela do meu quarto e isso me fazia bem. Nunca judiei dos animais e achava meu pai o máximo com suas ideias extravagantes, pois era criativa e caprichoso, dedicado com tudo que fazia no campo, na casa.

Certa feita, trouxe para casa uma ferramenta, uma forminha que colocava na massa de ovos, trigo, leite e açúcar e ao fritar, trazia uma formato diferente, ela tinha um cabinho, e foi bem divertido.

Curiosa, queimei minha mão direita ainda aos três anos quando fui buscar um bolinho frito na panela de ferro com fundo redondo, fogão de lenha, ainda na panela, o que foi inédito, pois não restaram sinais ou danos, foi rápida a cicatrização.

Aos domingos era realizada a reza na igreja, onde "sempre" era minha mãe que cuidava de conduzir a reza e uma vez por mês, havia missa, o que era um inferno, pois o padre se deslocava em segredo para conversar com os homens, quando consegui me infiltrar atrás de uma pedra branca que eu chamava de "trocha de roupas", e ouvi ele proibindo o uso do anticoncepcional, pois a família de um tio já estava extensa e minha tia sofria na gravidez e de outro tio, todos os filhos nasceram doentes, pois eram primos de primeiro grau, vindo a morrer todos os filhos do sexo masculino e ficaram as filhas, com resquícios e reservas pessoais, vindo minha tia a falecer idosa e com muitas comorbidades na saúde.

Em uma das tentativas da família da minha tia a levar um dos filhos para o Rio de Janeiro para tratamento, este teve um ataque epilético no chuveiro e faleceu. Um me recordo ter caído dentro de um poço de água e os outros dois não me recordo.

O meu tio que tinha muitos filhos, assim como os outros, não questionavam. Minha mãe teve dois filhos, pois na última gravidez (minha) teve muitas dores, pois faleceu antes do meu nascimento uma amiga sua, também grávida, o que levou ela a ter complicações e eu ter nascido preta, parto difícil, o que levou minha mãe a me culpar por toda sua existência por ter sofrido quando eu nasci e me desejado "você vai sofrer muito, vai pagar caro por isso", significado que fui compreender bem mais tarde.

Na casa de um dos primos havia 4 homens e na outro, 6 mulheres. Especificamente na casa onde havia 6 mulheres, o banho era em bacia por ordem hierárquica pelos mais novos. Minha tia vomitava muito nas gravidez, o que chamava a atenção de que estava para chegar mais um bebê. Pelo costume, ao nascer um filho, soltava-se foguetes, 1 para quando nascia um filho homem e dois para o nascimento de uma filha mulher. O preparo andes do parto era fazer carne de sol muito fina, costume da região, chamava-se carne seca, assim como um tecido à época, e biscoitos de polvilho, que ficavam guardados pendurados em um dos cômodos da casa. Também, o pirão de galinha, estas, reservadas para o período de 3 dias onde a mulher não saia do quarto, em repouso, com acesso apenas das parteiras e mais velhas. A criança a seguir era apresentada aos irmãos e tudo voltava à rotina, mas por 40 dias, ainda se considerava delicado o período pós parto.

Meu tio, pai de 6 filhas mulheres era irmão da minha mãe (um casal de irmãos se casou com um casal de irmãos), onde fomos primos irmãos considerados pelo costume, tanto que temos o mesmo sobrenome.

Costumávamos ir à roça e eu percebia que não havia fatura, a roça era fraca e minha tia colocava a gente para procurar ovos de angolas nomeio do pasto para fazer o alimento, mas o necessário não faltava.

Cada saída da minha mãe eu ficava em um lugar. Na casa das primas mulheres eu ajudava nas tarefas, mas não tinha muita compreensão sobre o que estava acontecendo, pois o acesso das crianças ao mundo adulto era bem distante.

Certa feita meu tio, ouvindo sobre doenças da época, decidiu aplicar por conta própria penicilina em toda a família, quase matou todos, que tiveram diarreia por dias, necessitando de suporte da família, da minha vó, pois defecava por tudo o quintal, próximo ao galinheiro e ao paiol. Havia um paiol para guardar alimento para os animais e aves.

Era muita roupa para lavar, pois eram sempre muitos pequenos em fraldas de pano e minha primas mais velhas iam crescendo e auxiliando no compromisso familiar. Não tínhamos diversão, nem rádio, era uma rotina que envolvia todo o dia e íamos cedo pra cama em fileiras, duas em cada cama para caber, mas não se conhecia outra realidade, daí, tudo certo.

Meu tio somente ia à cidade e comprava os tecidos para as roupas, apenas minha tia era diferente, as demais filhas só mudava o modelo, mas eram todas do mesmo tecido, e era legal, havia felicidade por ter uma precata (havaiana) e uma roupa que só trocava quando não servia mais, e ainda era destinada aos mais novos ou reformada, pois tudo custava dinheiro.

A gente brincava às vezes de encontrar ovos de anu (pássaro) entre árvores de espinhos ou esgotar poço de água, tudo entre a rotina, mas parecia bom. Havia um desgaste em tempo de chuva, pois as roupas não recavam e as noites eram frias. Não tínhamos roupas de frio, mas os adultos sim.

Eu não percebia que chamava a atenção das pessoas pela minha aparência, pois me sentia como hoje, normal entre as pessoas, todavia, entendo como a saga da mente doente pode estar em qualquer lugar. Me recordo que cresci rápido até os 12 anos, sentia dores nos joelhos e um dia o padre mensalista foi à minha casa, me deu atenção, fazia perguntas e ninguém percebeu a atenção, pois jamais poderia desconfiar de um padre. Todavia, uma tia me descreveu que, foi visitar este padre em sua paróquia (isso eu já contava com 55 anos) e o padre perguntou sobre mim como aquela que tinha as "pernonas". Com olhar crítico, para que estudei e busco prevenir e coibir a violência sexual consigo imaginar a origem dos meus pesadelos diante de uma sequência de perturbações que me rodeavam.

Recordo-me que meu tio me olhava diferente, muito estranho. Estava sempre magro, não exercia atividades, pois foi expulso do convento para padres, sem se comentar na família o motivo. Ouvi nos corredores, que uma tia o expulsou da casa dela, pois ele era o caçula e quando ela estava com a cabeça dele no colo, ela, casada e com 3 filhos, este usou de artifícios para acessar seus seios de forma abusiva. Falavam muito que ele vivia no puteiro e com mulheres negras e prostitutas da cidade, mas não havia represálias para com ele, era o caçula e minha avó o protegia.

Descobri que ele tinha uma mala debaixo da cama, e nela continham revistas de fotonovela, que ele lia e me deu para ler, cujo objetivo era me amadurecer e despertar a libido, o que cada vez eu queria ler mais e mais...só que, não parou por ai. Me levou à janela, em uma cadeira e pediu parra não olhar para traz, abaixou minha calcinha e realizou seu desejo sujo e ardiloso, e, por assim dizer, ainda ensinou ao meu irmão a proceder da mesma forma, o que foi sequencial, tendo sido negado por meu irmão, diante da minha mãe, sob proteção total da negativa, me levando a uma infecção urinária que me persegue por toda a vida (5 aos 59 anos).

Eu percebia o sofrimento do meu tio, sempre magro, sozinho, dentro de uma fuga dolorosa, mas, ainda fui madrinha de casamento dele, que se casou com juma negra, teve duas filhas e um filho, filha esta que não sei os motivos, mas teve a proteção total dele, diferente da segunda, e tem até hoje dificuldades de inclusão social e faz tratamento psiquiátrico. O olhar dele para a filha era "diferente", só que nunca reclame, me queixei, mas os danos me levaram a sair daquele lugar, eu queria sumir dali, fugir, o que me levou a ser fechada, seletiva e emburrada, uma forma de me defender.

Minha avó, após eu me queixar de irritação na vagina e muita dor, após ter observado a febre que não passava, meu deu chá de cabelo de milho, o que afastou meu tio de mim, pois acredito que tenha percebido ter me contaminado com doença venérea. Eu passava os dias em desespero no quintal., com medo de estar grávida. Um dia pedi a Deus que não deixasse eu estar grávida, pois ouvira meu tio falando para o padre sobre o sofrimento da minha tia e o padre negando o direito ao preventivo e alegando ser pecado. Eu só tinha seis anos e usei batom, acreditando que me ajudaria a não estar grávida, tomei bicarbonato na limonada e comi banana verde e olhava sempre a calcinha.

Tive de certa feita, a ajudar meu irmão a retirar lombriga que estava cagando, pois nossa mãe era totalmente ausente e meu pai teve congestão após um jogo de futebol, atacou o cérebro e passou a ter convulsões graves, levando a agressões, internação em hospital para louco, centro espíritas, foi preso, condenado, absolvido, o que nunca se comprovou se inocente ou culpado. O que me recordo é que estava sempre na casa da minha avó sob cuidados dela e nos sempre na casa de alguém. A minha avó era chamada quando as convulsões ficavam fortes, quando eu e meu irmão íamos busca a avó na noite, a pé, estradas entre divisas, mas nada resolvia, pois este não melhorava com rezas, apenas com o tempo. Fomos a vários médicos, foi dependente de gardenal, tegretol, mas de nada resolvia, as crises persistiam e sofremos muito com isso.

Quanto à minha mãe, estava se enfiava no trabalho como forma de fuga, mas exagerava, pois tentava, o sonho dela, era ter posse sobre mim, mas isso ela nunca conseguiu, lutei como louca, fui chamada de vários nomes, mas lutei para ser liberta, tudo com base no primeiro tapa na cara, não merecido, que me trouxe à realidade. Fomos a uma sorveteria na cidade, quando acompanhei minha mãe para um dia na cidade, pois as férias dela da escola (fim de ano) ou meio do ano, era na cidade fazendo cursos, e fomos tomar sorvete, quando tinha opções, pedi uma opção diferente, e na mesa estava um amigo dela que tinha uma deficiência na perna e ele ofereceu de goiaba, recusei e levei o primeiro e único tapa na cara, pois o que mais tinha na minha casa era goiaba, queria provar o "novo" e assim me permiti ficar calada diante de qualquer discussão, o que persistiu por grande saga da minha vida, onde o medo de apanhar novamente me ajudou a ser mais forte.

Na igreja, de certa feita, observei que eu tinha um corpo diferente, sempre com abdômen alto, o que me levou no futuro a buscar meios e técnicas para emagrecer até a psicanálise, quando descobri que a ansiedade e obesidade estavam relacionadas à violência sexual.

Uma colega na igreja as roupas ficavam certinhas, o nome dela era "santinha", apelido carinho e me disse que eu estava fora do perfil, quando percebi que realmente estava... me levando a fugas como comer manga com sal, fazer cigarros com folhas de tabaco, comer sal com açúcar até vomitar, sendo que a libido me perseguia, me tirava noites de sono e me causou muita insegurança, pois não queria comer comida, apenas frutas e às vezes comia verdes para ter o perfil.

Ao perceber que aquele espaço era conflituoso, diante de conversas, fofocas, mesmo eu não tendo contado a ninguém sobre o tapa na cara, a severidade para com os que vão além dos cancelos era maior, mesmo estando-se diante de pressão para representar a família, minha avó e eu tivemos uma discussão grave, pois ela alegou que eu não era filha do meu pai, quando meu tio interveio e nos fez parar com a discussão, pois eu já tinha a política na ponta da língua, pois tudo que via escondido, eu lia, e como minha mãe dizia, menos a bíblia, o que até hoje não completei.

Um tio se casou, fomos ao casamento dele, o casamento foi na igreja e a festa na casa do noivo, meu tio. Dormimos tarde e pela manhã, os adultos tinham compromisso. Eu nunca havia dormido tarde e apanhei porque estava lenta para fazer as atividades de colocar tudo em ordem novamente. Sempre fui lenta em atividades, para cozinhar, lavar, passar, em tudo, até para andar meu amigo disse que ando para trás, caminho muito lentamente.

Me recordo do bolo, ele tinha camadas, bem como das comidas da minha avó, sabor único da sopa de frango caipira, frango caipira assado, até hoje meu prato preferido. Mas, infelizmente, criança não se sentava na mesa dos nobres, e eu odiava aquilo, pois não entendei porque trabalhávamos tanto para o dia da missa e na hora da refeição, a gente comia de tudo, mas não do bendito frango e do macarrão do padre, macarrão caseiro da minha avo e das minhas tias, inédito, só comíamos o que sobrava.

As castas existem desde os primórdios, mas a Igreja pra mim ainda é um mito acerca da autonomia, autoridade, submissão, o que me levou a sair da igreja católica, migrar para uma igreja evangélica, sendo um percurso até encontrar um tradicionalismo e interpretação que me interessasse.

A religião me recorda que era um ritual, hinos que ainda tenho me memória. Ocorre que, enquanto morávamos na fazenda, era tudo muito simples, todavia, quando mudamos para a cidade, a igreja era maior e entre todas as atividades de grupo, preferi cuidar do jardim, colher as ervas daninhas, sozinha, pois não contava com ajuda dos colegas, que sempre arranjavam desculpas, chegavam atrasados e faziam mal feito. Eu me orgulhava em ir à missa e ver sempre os dois canteiros laterais da matriz bem cuidados. A exigência esta no meu perfil, no meu DNA, pois assim era meu pai, exigente, cuidadoso e pontual, todavia, a doença o impedia de ir e vir conforme planejou para si.

Nessa proposta, também sempre tive dificuldade para afazeres domésticos, entre estes, lavar roupas, pois meus braços doíam ao fazer esforços, foi quando meu tio sombra disse: “essa lerdeza dela vai servir algum dia para alguma coisa”., talvez ele tenha dito algumas noções de filosofia no colégio de padres. Ah, ouvi rumores de que ele havia roubado hóstias consagradas para comer, pois estavam como fome e no convento para padres a alimentação era o que produziam e esse tio tinha e tem até hoje, uma fome que contínua, mesmo magro 50 kg um homem com 1,80m, come demais e a fome não pausa, além de fumar muito, viver isolado e por algum motivo, ter dado todos os seus bens em vida, para administração de um filho, o que ninguém compreende, pois ele parece não querer viver, ou seja, sofrer algum tipo de medo de represália ou constrangimento, talvez a culpa por algo o persiga sem que perceba, coisa do inconsciente.

Sinto o olhar diferente ainda hoje, mas, evito e busco esquecer, porém, um dia, teria que falar para o mundo, para que crianças, principalmente pais e mães ficassem atentos a quem se colocada dentro de casa, quem frequenta sua casa, quem vai e vem com sua família, pois os resultados decorrem de uma causa perturbadora que leva a danos irreversíveis.

Eu não acreditava em felicidade, mas sentia vontade de ter uma família, o que foi bem diferente, bem astucioso, pois achava bonito família irem à igreja, pai, mãe e filhos. Meu irmão não ia à igreja nem meu pai e minha mãe não me recordo, porém, eu ir às missas da manhã dos jovens e à noite, isso na cidade.

Para chegar à cidade, voltando lá na história do casamento dos meus tios, acompanhei o casal, que moravam próximo da igreja e minha avó às vezes ia comigo visitar meu tio e minha tia. Minha tia sofreu um aborto, fiquei entendendo o que era, ela comia limão com sal e teve desejo de comer abóboras, quando carregamos um saco cheio do plantio até a casa.

Mais tarde esse casal de tios planejou ir morar na cidade o que me levou a pedir para morar com eles, para prosseguir nos estudos, nem sabendo o que me aguardava. Assim aconteceu, era a verdadeira caipira na cidade, dois vestidos, um sem botões, uma havaiana, enfrentando o paternalismo, a burguesia e a pobreza dentro de um colégio de padres com padrões horríveis e flexíveis, pois tudo girava em torno das "preciosas", ou seja, as pérolas que eram as moças que residiam no colégio de freira e tinham o perfil de moças para casar. Nunca me passou pela cabeça que era este o objetivo dos que podiam pagar para as "moças" morar com as freiras, mas quando chegavam, os rapazes já planejavam os enlaces.

Fui mau no curso de admissão, não me reprovaram porque não quiseram, deixaram acontecer, vez que nesse período meu pai foi preso, perdi muitas aulas, nem sabia do que estavam falando, minha cabeça estava distante e era tudo novo.

Percebo hoje que faltou me explicar como estudar, pois essa tarefa minha mãe ensinava aos outros, assim como cozinhar, dei minhas pernadas olhando, aprendendo [...] sentindo o cheiro e acolhendo o paladar perfeito.

A morada com meus tios era normal, acredito, o que nunca deixei de agradecê-los por ter prosseguido nos estudos, pois me deram a primeira oportunidade. Eu ajudava a cuidar de duas primas, duas princesinhas e minha tia nunca brigou comigo, e eu não era bagunceira, era normal para uma criança. Minha mãe veio à cidade e me achou pálida, me levou ao médico e eu estava com anemia, pois estava acostumada à vida na roça com fartura de frutas e nesse período comecei a comer sem muita vontade, ouvir bastante e ser a perseguida, desengonçada, até hoje, nas aulas de educação física, não fui....continuo sendo desengonçada, nem bato palmas em aniversário ou igreja, pois não é proporcional ou acompanho ritualmente os outros, meu ouvido já chegou a me exaustar com o som da banda da igreja, eu tampava os ouvidos, depois, me acostumei, mas, ainda não gosto de música, apenas clássicos e inéditos, raros como Elton Jonh, Pink Floyd, Mozart, daí o ouvido parece se atrair.

Uma das memórias me remete a apenas uma travessura quando morava com meus tios: abri um pacotinho de sal de frutas por curiosidade. Minha tia percebeu mas não brigou nem se queixou, pois não era nada grave.

O não gostar de música perdurou por muito tempo, e me apavorava, pois recordo-me de um acidente quando meu pai foi selecionar cavalos para irmos viajar, veio um temporal e os animais saíram galopando, me atropelando o que levou a um desmaio, ficando na minha mente aquela lembrança e seguida de dores de cabeça. À época, era praticamente normal, tudo era normal, para mim, aos filhos dos outros sempre muita atenção, carinho e encaminhamento a médicos.

Pouco tempo depois, meu pai comprou uma casa na cidade, minha mãe queria fazer a escola normal, e lá tudo foi mais forte, daí que não dava atenção mesmo pra mim e meu irmão, e este sequer ficavam em casa, e eu, ia e vinha sem satisfações, pegava piolhos, andava mal vestida, e ela não se incomodava, mas de si cuidava muito bem, inclusive, eu e meu irmão e meu pai não tínhamos agasalhos de frio, mas ela sempre estava muito bem vestida.

Meu tio, o ancora da tribo, convidou meu irmão para trabalhar com ele na empresa, pois percebeu que meu irmão estava bem perdido, o que eu percebi quando ainda morávamos no sítio, pois ia a cavalo para a escola. Minha mãe deu a ele valor para comprar pão, ele, além de demorar, voltou sem os pães, mas não foi advertido, me calei, mas percebi naquele momento que algo ruim o marcaria para sempre e assim, ocorreu.

Pausei hoje para escrever, falar do momento. Isolei os dilemas, dor, cansaço, e sob efeito de um comprimido de cálcio (rotina) e um dipirona, após ter feito rebeldia no café da manhã com duas fatias generosas de mussarela (sou intolerante a leite), para "esperar ver", vim para o hospital onde estou há 8 dias (12 X 12 horas) cuidando da minha mãe. O estado de saúde dela é uma resposta da mente, pois o corpo recebe os ataques da vida insatisfeita e rotineira. Ela estava um período (previsto) de três meses comigo pois o filho e a nora pediram (estavam exaustos) com a rotina de hospital-casa-exames-hospital.

No período que esteve comigo, por 9 dias, ficou bem, com apoio de uma cuidadora durante o dia, esteve bem, até que em um domingo (dia da minha folga), uma neta era a cuidadora do dia, e me solicitou que voltasse, quando percebi que a mesma estava fora do controle mental. Me reportei ao adison (doença de adison) de que a mesma já havia sido acometida. À época, ela teve pressão 4 quando estávamos em um supermercado e como a conheço muito bem, levei de imediato ao hospital, e nas minhas loucuras, requeri uma junta médica com todos os 15 profissionais que atendiam ela quando o diagnóstico foi fantástico.

De volta, pedi ao hospital que fizesse o exame, e este disse que o estado dela era terminal e que não deveria submetê-la mais a tanto sofrimento. Insisti e liguei para o titular (oncologista) que pediu a remoção para 400km (capital) e por aqui ficou uma semana, e, hoje, especificamente, depois de alguns dias, já realizou a segunda sessão de quimioterapia e já se fala em alta.

Ocorre que, a família não esta preparada para alta, pois aguardavam óbito ou internação contínua. Todavia, requeri um psiquiatra que, após revelar o humor desviado, constatou a presença da bipolaridade de humor (já anteriormente tratada e atualmente sem medicamento) medicou e requereu intensificar o medicamento.

Na relação corpo e mente, a velhice traz resquícios de toda a construção em vida, mas, em especial, retiram o direito de optar, de viver, de falar de decidir, o que faço e comuniquei aos 59 anos. Quero morar em um asilo, não quero dar trabalho aos filhos, prefiro estranhos, eles tem a vida deles, pois vivencio aqui a tristeza (ninguém pode, tudo parece ser um sacrifício) e não desejo este fim para mim, inclusive, hoje, penso em condição evasiva como a eutanásia, pois depender da miséria de afeto, é algo mais triste que a morte.

Nos dias aqui, o cansaço já deixa a mente lenta, mesmo assim. Consegui laborar, pois meu raciocínio funciona, mesmo estando diante de qualquer situação, flui e parece destacar-se melhor, reabre conhecimentos, basta teclar, que tudo flui.

Foram lentos esses dias, mas pude constatar a necessidade de previsão, prevenção e harmonia, igualmente, a colheita de um jardim é como a vida dos pássaros, deixam sementes onde sabe que vão cuidar. Nesse momento, abro para dar um oi aos amigos que fiz, construí em toda a minha jornada, apreço e carisma que recebi sendo verdadeira, sem fantoches, sem “mentir”, sempre autêntica.

Gostaria de tratar da igualdade entre os iguais, da perseverança, dos tiques dos nobres e humildes, da verdade interior, de retirar da zona de conforto os não qualificados para cargos e funções, pois a nobreza é uma e somente cabe aos que percebem que se faz necessário.

Entre as divergências, conviver com pouco ou quase nada não me faz melhor ou pior, a vida sempre pra mim foi assim, mas acredito em uma iluminação que me enobrece a cada dia, uma força que me reporta ao propósito que Deus coloca no meu coração e que se cumpre. Cada dia mais vejo sonhos se realizando, mas, em primeiro, aprecio e quero dar continuidade à minha companhia, esta sim me faz bem, pois, falsamente, não preciso de companhia.

Conto agora com um negão, que, em momento frágil deste, após 20 anos de separação (mesmo com alguns intermediários), o negão me conquistou, e demonstra cuidar e se preocupar. Temos momentos "bobão", quando esquecemos de tudo e cuidamos de nós, chupar picolé, dar voltas de carro e assim são nossos dias. Ainda temos planos aos 60, o que não é aceito pelos nossos filhos, mas isso não me preocupa, pois estes nunca me perguntaram como foi meu dia (uma filha), vez que a insatisfação dela se vinga sobre mim (não ser mãe), problemática que só vai ser cumprida quando vestir a toga da humildade, pois templo não é Deus, e isso só minha ausência (desisti dela), infelizmente, falo só se for necessário, pois foram tantas as ofensas que me dei a luxo de não me fazer ser humilhada mais.

Para desistir da minha filha perdurou por anos uma personalidade forte e após o casamento, esta optou e preferiu me enfrentar para defender esposo, que sustentou por muitos anos até ele conseguir se instalar no mercado de trabalho. Engraçado que você cria um filho, que não observa sua geladeira vazia, não lhe traz um lanche surpresa ou uma comidinha, mas sustenta e mantém um estranho e o defende contra você (lágrimas), daí desisti de falar, de dialogar e preferi o silencio e orar.

Na seiva da noite, trabalhei até madrugada ao lado de uma caixa de esgoto (acesso à internet), pois precisava manter minha palavra profissional o que foi possível. Sou professora e assessoro alunos em metodologia científica, o que me orgulha, pois é uma vastidão de conhecimentos e o valor me ajuda a manter os filhos na faculdade, mesmo estando com dívidas e vivendo estritamente dentro dos trilhos.

Esta noite tive um sonho diferente, e Deus tem falado muito comigo em sonhos, eu estava me mudando para uma casa, que era uma empresa e eu estava me adequando com meu filho: era mudança. Estou sempre aberta a Deus para que se cumpra na minha vida seus propósitos.

Voltando ao "aqui estar", foi difícil vir, uma tristeza imensa tomou meu coração, pois não me perguntaram se eu podia vir, simplesmente agendaram dia e hora para vir e voltar, uma forma de me fazer inútil, e depois, estando aqui, a fé tomou conta de mim e pude observar que minhas reservas e suporte vão além dos limites toleráveis, pois, consegui cuidar, trabalhar, ver que, quem não quer mudar e se acha na própria razão, nem medicamento da Alemanha cura, vez que a cura está dentro da alma.

A alma, compreendo, ser a luz própria, um brilho que dispensa apresentações, está além do sol, ela se faz, conquista quem está longe e quem está perto, é um dom de Deus que somente os escolhidos possuem.

Tive a oportunidade em conviver com indivíduos que sabem tanto a bíblia que me surpreendem, pois nunca consegui ler totalmente, apenas decorei os mandamentos quando ainda tinha 8-9 anos de idade, lição suficiente para sobreviver, todavia, cometi muitos erros, por imaturidade, por necessidade de defesa própria, pois jamais aceitei ser subordinado como fracassado, sempre fui eu.

Momentos foram e vieram, mas a firmeza, o equilíbrio foram conquistados, e nunca fui "eu", sempre foi Deus. Em momentos difíceis, conheci outras religiões, experiências que me levaram a saber o que seguir e a quem seguir, dentro de contextos onde me instalei e optei por seguir a Deus dentro de uma intimidade que me permite compreender suas ordens, seguir e obedecer fidedignamente o que ele me determina fazer, experiências que me levaram a "cumprimentar qualquer pessoa" e "me colocar no lugar do outro", situações que formaram meu caráter.

Sem assunto, volto a falar sobre o ser humano em sua saga, do ódio que levou meu coração a te repulsa contra minha mãe, pois esta passou por dores tão fortes, acredito que superaram a dor que se queixou ter sentido quando do meu nascimento.

Estou aqui, ao lado, divididas por uma cortina, digitando em um PC sony branco, tv ligada, ela consciente, olho para ela e vejo o quanto nada pode e exige, pois, agora, minha atitude é silencio e ação, quando outros irão decidir (o psiquiatra e equipe multidisciplinar), pois cansei de tentar agradar e ser somente rejeitada e criticada.

O ser humano chega a esse fim quando não se ajusta, quando não se dá por satisfeito, chega ao ponto de ter outros retirando de si a essência e desejos do coração, pois mente para agradar, silencia para não ser autêntico e entra em respostas ao corpo como é o caso de um câncer elevado e violento.

Tenho muito para aprender, mas, me vejo agora, falando em um campo de capim, um lugar ermo, com meu chapéu de palha, com roupas de chita, como um paraíso, lugar onde minhas posses não me darão possuir, mas possível de estar, pois estamos em um país livre e existem muitos lugares lindos que podemos ir e vir sem posse.

Tenho um ancoradouro, é um lado do rio que divide a cidade, perto de um marco, onde me isolo para luto interior, onde vou quando o luto baixa em mim e lá estive pela última vez quando minha filha (mais velha) me acusou de ter um problema de varizes genético, o que foi uma honra par ao genro, contrariamente à realidade, pois tenho 59 anos e não tenho varizes. Vivi essa dor como luto, pois ela foi me matando aos poucos, até as últimas conversas são expressas em ordens, comandos, o que me permite optar pelo silêncio e ausência, sem vontade de estar perto, pois não me fazem bem. O desgaste é superior à saudade, pois o tratamento comigo não é de filho para mãe, inferior ao tratamento que dá à faxineira ou aos executados em seu trabalho, é de alguém pobre de espírito, subordinado, até que eu me vire e consiga realmente dizer o que sinto.

E, voltando, olho para o corpo da minha mãe e questiono porque tanto orgulho. Mesmo estando limitada a ter banho por estranhos, higienização total, é grossa e arrogante. Enfim, eu sou, além disso, pois compreendo que ela existe e não vai mudar, o câncer não muda algumas pessoas e não tenho interesse em concluir psicologia ou o phd em psicologia para compreender que sua forma de defesa é menosprezar e sentir-se sempre superior.

O brilho e a luz são natos, não se conquista humilhando ou desfazendo, não é uma forma preconceituosa a negros ou pobres, é algo que nasce com o ser humano e a moldura se faz, ocorrendo somente quando se permite.

É triste voltar para casa, pois volto pior do que vim, pois, mesmo ela estando em regime de alta hospitalar com home care, percebo que não aprendeu nada. Sua memória não se lembra de coisas boas, apenas neutra, e não vai despertar, perdendo os afetos próximos e limitando-se à obrigação de ser cuidada por filhos, netos e profissionais da saúde física e mental.

O desabafo em história talvez algum dia seja lido ou ouvido, mas, me fortalece viver, poder fazer minha parte mecânica, suposta, necessária e imposta, mas, dando sempre o meu melhor. Até no inferno eu resgataria uma alma para salvá-la, e mesmo não querendo, me daria satisfeita por estar lá e fazer a minha parte.

Nos limites da mente humana, vejo olhos cerrados, distantes, focados na tv, corpo inerte, poucos movimentos, dependente totalmente de todos, porém, eu não esperei um “obrigado” ou, por favor e, em defesa própria, foi muito arrogante porque escorreu algumas gotas de suco da boca enquanto eu a alimentava na boca, e respondi: ‘tenho 59 anos, sou sua filha e nunca disse ser perfeito. Estou há 8 dias sem dormir, cansada e precisa pensar antes de falar”, não é tudo como queremos, somos limitados e a qualquer momento temos que perceber que a vida é uma passagem.

Me volta à memória um campo de capim dourado, distante dos olhos e das câmeras, apenas livre, o me dá como resposta que estou bem sozinha e que não posso contar com ninguém.

O negão quer se casar, mas sei que será impossível, pois tem uma filha dependente, com um bebê, e essa dependência dele perdurará por uns 5-6 anos, quando já não teremos mais muito para usufruir...então, aproveitar o namoro e os momentos limitados de companhia, pois a passagem está chegando ao fim.

Pedi a Deus para não dar trabalho aos meus filhos, findar dormindo, em paz, sozinha, sob a luz, pois amo a minha própria companhia, meu canto, só o necessário, pois não criei filhos e os conduzi a profissões aguardando retorno, só preciso do necessário e da liberdade que tenho de ir e vir.

Ao início da escrita me perguntaram se eu sabia o que é ser rica, respondi que não acredito ser, porém, manter-se no necessário pra mim é suficiente. Passei da fase de caridade simples (pão e marmitex) para uma caridade de condução, de encaminhamento, de perseverança e cura (física e mental) para ensinar a pescar com um anzol e uma rede.

O corpo se desfalece no repouso, inerte, impotente, mas, severo e rígido, dependente, onde e quando a família se mobiliza diversamente dos planos, pois esperavam a morte imediata sob meus cuidados ou uma internação contínua. Sabe, acredito que o mover de Deus se aproxima na vida de todos e assim será, pois o que está por vir são dores e ranger de dentes, mas, preciso de repouso e do meu canto, da minha vida que se estreita a cada dia.

Lembro-me dos clássicos, Machado de Assis e dou seu amor, da sua realidade física, Jorge Amado, amores e escritos que conduziram suas histórias de vida (me vejo em um quarto de madeira, casa simples, minha primeira casa na minha cidade, economizando para comprar livros). Cada texto de Zélia, traduzidos para a linguagem culta, conduziram Jorge à excelência como escritor.

Assim, hoje posso fazer isso, traduzir pequenos trechos e textos em livros que vão e vem mundo afora em idiomas, apreciados pelo mundo. Um dos meus encantos foi cosmovisão bíblica, o que surpreendeu o autor do texto, pois não pediu correções, o que me orgulhou.

Parar para contar minha história, em uma época de realidades distintas no mundo, em um olhar científico, dentro de um perfil bem peculiar, que não me preocupa (roupas, calçados, cabelos), vivo dentro de um paradigma de felicidade, de amor e afeto por mim, cuidando de mim e me sentindo viva e feliz, estágio que, conforme a história da infância, pensei não alcançar.

Hoje nem olhei os boletos, mas tenho vários vencidos e vou ter que assumi-los, embora acredite que vá conseguir superar tudo isso, pois é matéria e algo superior há de acontecer. Eis que a vida já é um milagre. Acredito que ser humano e estar livre já são respostas a todos os outros desafios.

Aqui no hospital, os profissionais da saúde questionam o que tanto escrevo, daí falo quem sou, o que faço e que estou trabalhando, e percebi que isso fez minha mãe ficar de mau humor, pois ela entende "ser o centro das atenções" e "gostar de estar ", o que de remete a um sentimento triste de pena, pois prefiro viver com minha companhia, vez que no túmulo, nas lápides (que visualizo agora, em granito, como a homenagem aos mortos de guerra dos EUA), apenas nomes e imortais para alguns, que por poucos séculos serão nobres, daí falar em conscienciologia, o que perfaz em uma compreensão de conhecimento elevada, que me submeto.

Homenagens a Deus, criador do céu e da terra é justa e real, embora entendimentos e compreensões sobre a origem do mundo ainda perdurarão por toda a eternidade, todavia, a nobreza das ciências e dos limites do conhecimento da mente humana elevam em honra aos ilustres, não aos nobres, como é o caso dos que "se denominam" no face ou nas redes sociais.

A ciência é mais, é um pouco além da fronteira, passa o mata burros e entra pela porteira da fazenda (cérebro), que eleva o conhecimento e limita atitudes conforme o caráter, pois de nada serve viver sem servir para nada, sem deixar uma mensagem, sem cuidar do outro, sem dar e receber amor, sem deixar registros e marcas por onde passar.

Na vinda para o hospital vi um malabarista de semáforo, quando entendi tão e quão simples é a vida, tão moderadamente ouvi Moacir Franco descrevendo em um vídeo em que relata sua saga e como sua vida foi abençoada por Deus através de outra pessoa que gravou uma música sua. Assim, meu milagre vai acontecer, assim como tantos outros já tive e recebi, entre estes, o dom da vida e a benção de Deus em me levar até formar todos os meus filhos na faculdade (meu limite de vida pedido para Deus). Nunca expus outros sonhos ou anseios, pois o necessário me é suficiente. Jamais falo aos meus filhos em período de faculdade de como macarrão com sal e açafrão o mês todo, exigindo que a faxineira não conte a ninguém sobre minha realidade (são só momentos) e minha palavra de que está tudo bem vale a pena.

Tenha um filho do coração, que me empresta dinheiro e compra coisas materiais necessárias quando preciso. Somos além de mãe e filho, somos amigos e sabemos o valor de uma amizade e de um filho e mãe. Socorro ele em tudo o que precisa e nunca nos faltamos ou falhamos. Até uma cervejinha ele me trouxe certa feita, pois sabe como vivo e de tudo que faz de diferente, até sabão caseiro, me traz, não que os outros filhos não façam, mas ele se lembra de cuidar de forma afetuosa.

No afã da dor, do cansaço físico, observo a rua, o vai e vem de uns e outros, a capacidade de argumentar e agir dos profissionais, um mundo todo do lado de fora, pois aqui são 12 horas seguidas, sentada em uma cama de hospital, pernas penduradas, digitando e tentando estar feliz. Acabei de saber que estão se preparando para recepciona-la após a alta em um hotel de transito, o que me deixa neutra, pois a decisão cabe ao varão da família (por assim se sentir), que deixa claro que quer ver o diabo a mim e isso me dá segurança, pois deixar morrer a dor é melhor do que vê-la aumentada.

Para o varão da família (filho da minha mãe), a minha submissão ao seu intento é obrigatória e como não me submeto, sou livre e me sinto capaz, então, "só sirvo para a escória", conivente com minha filha mais velha que se submete, ou seja, são iguais.

Um pausa para servir almoço e almoçar (limitado) o kit hospital, pois, por ser inservível (como disse a filha0, que não faço nada e qualquer um faz meu trabalho, tive que remunerar duas pessoas para fazer meu trabalho enquanto viajei e daí, o valor que me passaram para almoçar e jantar paguei as colaboradoras, daí tomo café no hotel de transito, não consigo comer a sopa do hospital e por três vezes uma filha mandou iffod pra mim, que ainda vou pagar o cartão.

Não me queixo, mas gostaria de poder falar, de ser ouvida, de dizer o quanto me dói ser assim tratada, e já questionei à filha o que deixei de fazer a ela para ser tratada com menosprezo, e disse também que desisti!

Mesmo diante de tudo isso, esta se submete ao patriarca (como se sente, vez que foi membro de facção onde o poder decorre do dinheiro), submetendo sua honra a um fracassado.

Entre desafios do dia, parece que algumas pessoas não se tocam que não fazem mais diferença. Continuam gritando e agindo como se direito ainda tivessem. O desprezo e o “desistir” de alguém demora muito tempo para ser compreendido, o que dói muito.

Precoce são os jovens (39 anos) de hoje, quando a família natural passa a ser o descaso diante de uma vida de status e regras adquiridas e vícios que não se coadunam com as raízes primitivas. Na verdade, o que se presencia é uma pessoa com formação tão nobre se deixar influenciar por mentes tão distantes da realidade, tão fundadas em achismos e entendimentos fora do lado uno da vida: soberano e justo, onde sequer podemos escolher a vestimenta fúnebre.

Meu pai antes de falecer, estava feliz, comemorou, e assim acredito acontecer com todos, uma prévia para os que temem a Deus, tempo para se reconciliar. Como gostaria de dizer isso ao mundo, passar esta mensagem, pois todos tem oportunidade e fazem da oportunidade um capricho e assim nunca se encontram, dificultado sua volta ou retorno em outras vidas.

O que me renova são os nascimentos de crianças, o despertar, o quanto já demonstram ter estado aqui, pois demonstram tão logo sabedoria única e verbalização que se assemelha a características que conhecemos ou fingimos não ver, como é o caso do meu neto, que predestina, fala e demonstra prever fatos e eventos, mesmo que os pais ignorem, me chamou dia desses de algo 3.800.com, o que foi previsível, pois refere-se a um valor que está prestes a entrar na minha conta e sanará uma das dívidas pendentes. Acreditas que vamos e voltamos é entender Deus, religiões, culturas, céu e inferno dentro de um só espaço, pois a paz está aqui, assim como o inferno e quanto à nossa responsabilidade, isso não é previsível, pois alguns não entendem em tempo algum o momento de parar, de ser real, de sair do abismo e enfrentar o mundo como ele é. Aceitar ou lutar contra o destino é possível, mas, necessário um alvará de soltura da própria prisão, daquilo que o aflige, que o amarra às próprias cordas, pois cada um de nós possui “termos”, espaços vazios, individuais e coletivos que precisa ser autêntico.

Pausei novamente diante da dor nas costas, pois amo o que faço, e, neste sentido, nem sei se estas horas de escrito alcançaram alguém que se beneficiará ou será acordado, impactado, ou se sentido danoso por gastar com este material. Meus punhos doem, meus braços também, e meus dedos seguem firmes, mas as costas estão pedindo banho e cama, mas ainda tenho 7 horas de vigília hospitalar, criando estratégias para, daqui a 2 dias, voltar pra casa, sair madrugada do hotel de trânsito para não se encontrar com quem não quer me ver, o que dói, pois terei que dar espaço a alguém que não paga para estar lá, que joga com argumentos convincentes a trocadilhos na família linda que eu "já tive", que acreditei ter.

Sinto-me bem sozinha, tenho memórias, e das memórias, tempos e momentos bons, mas, acredito que ainda tenho muito para aprender, para vigiar, para ler meus 10 livros expostos na prateleirinha de palets do meu quarto. A virada de páginas me move a viver bem, em paz, o que muda meus paradigmas a cada dia, dentro da honestidade e um caráter de professor, profissão que muitos se espelham, e que não posso decepcionar.

Saudades agora do Negão, meu love, deve estar pensando em mim, e gostaria de pedir a ele vir me buscar (lágrimas), estou cansada para dirigir 400km até em casa, pois meus pés estão muito inchados, mas seria pedir demais e não gosto de incomodar e ele faria com carinho, porém, acho que devo enfrentar a estrada ouvindo músicas e falando da minha história, eu e a enfermeira, na nova empresa que pretendemos montar de alimentação, uma saga, pois, pois motivos de Deus, esta veio parar no meu caminho. Deus tem falado com ela e comigo, em um conjunto de saberes, pois viemos e no caminho ela me disse que Deus havia lhe falado que tiraria ela em breve deste trabalho (ela precisa deste trabalho) e em seguida, Deus no falou que vai retornar a este trabalho, mas, as promessas de Deus nos surpreendem, removem nossas vidas e nos deixa de forma consistente, renovando nossas forças.

O sentimento de impotência é para os fracos, aos nobres, o que ainda estou distante, uma saga de conquistas, um dia de cada vez, dores por palavras, ações ou omissões, quando percebo o quanto é bom estar com José, ele vira criança comigo, se diverte e me faz mulher de uma forma simples, o que deve apavorar minha família, pois não possui o perfil solícito e agradável aos olhos.

Sinto deus aqui e me parece estar ainda no campo de capim dourado, mas bem afastada e se afastando, como se fosse uma passagem para meditação, o que, em uma série ou novela, diria estar diante de um prólogo, uma série de fala para distanciar momentos.

Agora, bem distante do campo de capim dourado, retiro meu chapéu e volto à realidade, sem necessidade de paladar, sabores ou perfumes. Não sinto necessidades ou ambições, mas, o sonho de morar no campo, ou estar no campo saiu da vertente abcissas para ordenadas de x e y, pois o campo me atraia por tratar da minha história da infância, mas, vislumbrando acerca de moradia para idosos e das necessidades atuais, vejo estar diante de um casario com o necessário junto com minha solidão feliz, dentro de um encontro pessoal, com o privilégio, teclando apenas com um dedo da mão direita, levar palavras, contos e histórias minhas e dos que dela participam.

Nas minhas cartas para Deus expresso as necessidades do meu coração e no momento, só tenho a agradecer, pois o que se perfazia em ódio e rancor por mau trato e ódio que percebia vir da minha mãe parecem estar mortos junto com memórias dela, pois ela sequer lembra da minha idade e de que esteve na minha casa. Que assim, sejam perdoados os pecados para todo o sempre. Que a vida siga, que os enfrentamentos futuros sejam nobres e que a paz reine, e, que os loucos aprendam a língua dos anjos.

Falar em anjos, senti anjos nesse lugar, talvez a minha proximidade com Deus diante do cansaço, da abdicação do mundo por 10 dias para “estar” em um ambiente inócuo e relevante para a vida, onde a minha energia fez bem, onde o bem prevaleceu ao mal e a vida trouxe respostas boas a uma perseverança pela vida, em abundância, possível aos planos de Deus.

Na abundância, difícil é estar diante de alguém que te odiou tanto, que tentou te burlar caminhos e vê-la necessitar de ser higienizada por estranhos, de defecar em fraldas e mesmo assim, não vestir a camisa da humildade, que não se entende “falar” e sim “agir para todos”. Mandela deixou clara a diferença no tratamento entre nobres e justos, pois Jesus Cristo foi traído por amigos, assim também é construída a sociedade, onde e quando para alguns, os valores materiais (hoje botox) mudam o paradigma para incluir-se na sociedade que se busca, diversa daquela de sun tzu na defesa na arte da guerra.

A guerra, vida e luz são conquistas, passo a passo, mas alguns fazem desta saga um status e sem ele não sobrevivem, exigem critérios seletivos de amigos, de criados, onde as exigências à sobrevivência superam expectativas de uma ordem decrescente, parecer de pensadores e ilustres que escreveram sagas como

Graciliano Ramos em Vidas Secas, onde o fruto da terra que tirou a fome envenenou o humano.

Neste sentido, fruto podre envenena os outros, assim diz a teoria dos frutos da árvore envenenada, o que discordo, tanto do autor quanto da teoria, pois na prática contamina, todavia, nem todos os falhos de uma árvore dão flores e nem todos que dão flores geram frutos. Assim é a lenda, na mesma família tem de tudo, uns férteis, outros lacrados, uns gordos (eu) outros perfil padrão para marcas e modelos. Dentro de um mesmo seio familiar, controvérsias, entendimentos, compreensão, o que nem sempre se coaduna em aceitar o outro, pois as influências da razão dos que se encontram de "fora", que se inserem costuma ser melhor.

Em cartas para Deus falo sempre dos meus sentimentos, todavia, Deus já os conhece, bem como minhas limitações, pois sinto os desejos do meu coração já se encontrarem escritos no meu livro da vida. Meus amigos, entre estes, poucos amigos e entre estes, o jardineiro, o padeiro, a faxineira, sempre os próximos, nada de virtual ou fantasioso, pois além do horizonte é tão longe e preciso de presença, de compartilhar, de afeto compartilhado, faz parte do meu ser.

Ao que me conhecem bem, os meus valores vão além da imaginação, pois me agrada mais uma manga que um brilhante, vez que ter eleito "o necessário" mudou minha razão, minha rotina, minha vida em geral, pois o gordo passou a ser menos evasivo, o perfil saúde passou a ser seletivo e menos exigente dentro de uma organização, pois o amor surge dentro de nós quando liberamos paz e deixamos ele acontecer.

Tenho um aluno da escola (clínica de psicopedagogia) que até então parecia menos interessado e bem mecânico com os estudos, até que passamos a ser amigos e agora ele sente minha falta e eu, falta dele, e ele se preocupa comigo, assim como o pequeno príncipe, pois sempre que volta colhe no meu jardim uma flor e me entrega. Ele se preocupa comigo e não me diferencia por roupas, perfil maquiado, marcas ou modelos, mas ao necessário que é ser chamado pelo nome e valorar seu crescimento interior, afinal, estou diante de um grande homem, que, menino, me recorda meu pequeno hoje infante de medicina no caminho escolhido.

De tudo fazendo mágicas para sobreviver e a frase de que Deus abre portas, é verdade, pois aos pássaros determinou jogar em meu quintal uma palmeira, cuidei, nutri e agora vendo as sementes para ajudar meus filhos na faculdade, isso, coisa de novela, é como colher outro no abismo, mas são apenas resposta a campanhas de oração pedindo proteção, o necessário e guarda de paz, luz e sabedoria.

Quando clamo ao senhor Deus por sabedoria, jamais imagino o galardão imenso que ele tem pra mim, pois decifra em enigmas os mais íntimos desejos do meu coração, ensina meu marido a me fazer feliz na cama, me envolve em perfume e respostas nas dores mais angustiantes.

Estava eu com feridas nos pés decorrentes de uma retirada de verrugas. Infeccionou, cheguei a ficar preocupada. Ao chegar ao hospital, no último dia da caixa de antibióticos, o enfermeiro chefe (maravilhoso Carlinhos) me disse para cuidar, falei para a enfermeira, vou jogar o pó do último comprimido e assim o fiz. Chegando de volta ao hospital, daí observei o tratamento de cicatrização e proteção de pele com um pó, utilizado na UTI, que, ao questionar à enfermeira do hospital me disse ser utilizado no lugar de desodorante...e, tive cicatrizada minha ferida.

Jó, em sua guerra contra o mal e as ciladas de satanás, coçava suas feridas com pedaços de tijolos expostos no solo e teve seu corpo lavado e remido e alterados seus anos de vida para ser feliz. Na saga de Jó, esta se assemelha a entendimentos e versões acerca dos motivos, muito semelhante a histórias de família onde o dinheiro identifica as pessoas, desvaloriza e desrespeita outro, colocando Deus assim, sua promessa se demonstra como sempre, cumprida e justa.

A palavra de Deus foi transcrita em capítulos, versos, cantos e louvores e sua interpretação nos últimos dias, dos confins do universo até os mais célebres intérpretes tem denominações diversas, que se passa em minha mente como em uma roda gigante, com trem fantasma e motoqueiros em desafios da vida. Em contrapartida, outros lutam contra o bem e desafiam o universo para proteger-se e livrar a carne de armas de ciladas. Com ciladas ou não, cada um a seu modo, tudo tem uma razão, que entre pequenos detalhes, se demonstram presentes e universal a um só objetivo: felicidade.

Imaterial ou material, eis a questão espiritual em um momento em que, sabiamente, o Papa, ínclito, pede ao povo que se manifeste sobre a igreja. Dos primórdios, da pena, da culpa, do sufrágio, da colheita de ossos anual decorrente de enforcamentos, uma versão intelectual e vivenciada em um século onde a criação de tribos, cultos, ritos, enigmas se divergem acerca da fé e a Igreja se enfraquece diante das interpretações sobre milagre, verdades, mitos e mentiras.

A palavra tem valor, mas, intérpretes vêm diversificando este universo a partir de neuromarketing em busca de vender livros, até mesmo expondo-se de maneiras drásticas ao cristianismo em versões íntimas, buscando inserir-se no subconsciente e dar sua interpretação como razoável e atraindo seguidores. Atrativos tem sido expostos de forma diversa, entre estas, literaturas, promessas de restauração, só que, o fim a que se destina é o lucro. Crédulos ou incrédulos, mexem com estruturas e estão promovendo o que se denomina "necessidade de ajustes" em consultórios de psicologia e psiquiatria, eis que a versão do autor passa a ser uma tomada de decisão, ausentando-se da própria história em prol de algo parafraseado dentro de uma prosopopeia linguística.

Na conquista da comunicação, o diálogo se tornou avulso, pois as pessoas tem tantos afazeres, que superiores a tudo que se imagina, são atraídos por uma mídia sensacionalista que diverge do original, passando a utilizar e "gamar" em perfis e idolatrias que preocupam a humanidade.

Na impotência do ser humano, versa esta de necessidades e limites desconhecidos pelo ser humano, conhecimentos que uma enciclopédia não é suficiente, sequer os mais de 900 livros que li. Necessário um olhar crítico de ódio para compreender e analisar a dor do outro, por onde ela anda, como passa e isso só foi possível compreender ao perceber que, a passagem de 13 dias está esquecida e que a memória de outros eventos se encontra presente.

Quando falo do conhecimento, da necessidade de compartilhar vivências, aprendizagem, do olhar do outro é uma busca para evoluir como ser humano. Acabei de descobrir, como antes sabia, que nada sei, mas, com mais vigor, pois arrogâncias não são mais lembradas, tudo isso graças à razão ativa decorrente de uma pílula diária para bipolaridade, que trouxe de volta as palavras, a linguagem, a comunicação, que, assessorada pela necessidade de viver, se juntaram na busca pelo limite possível de equilíbrio até o resgate final.

Quando se diz de uma mente criminosa, reporto-me com louvor aos estudos que tratam de Lombroso a Tieghi (Argentina), da resposta aos anseios do obsessivo compulsivo e da necessidade de tratamento e intervenção, alguns ainda não perceptíveis ao homem, senão as tentativas de libertação através da fé.

Para a mente criminosa, viciada ou nata em dolo o meio contribui ou não, "depende", uma vez que o filho de Pablo Escobar via o pai como herói, pois utilizava da riqueza para proteger aos pobres, mantinha campos de futebol e não tinha “noção” do seguimento e até onde se estendiam suas ações. O filho de Pablo, em gesto solene pediu perdão à humanidade pela demanda do pai, inclusive, contribui para que o país se voltasse da plantação de coca para plantação de rosas, as mais belas do mundo.

São versões que vão e vem e assim podem ser entendidas ou não, pois passado, presente e futuro deixam sequelas, memórias e um agredido pode agredir, daí, como entender quem espanca os filhos, quem humilha os outros, sarcásticos, medíocres, estupradores, como entender o tio estuprador e assediador sexual dentro de uma família com, até então, nenhum outro registro.

Cumpre dizer que, o assediador e violentador de inocentes está sempre na ativa, se isola, se recolhe, retira bens do seu nome, retira-se da sociedade para se punir pois não acredita na própria cura ou no controle próprio da sua fúria e necessidade.

A mente criminosa sexual e violentadora anseia atingir sua vítima da forma mais cruel e definida, o que levou ao legislador entender e legislar para punir violência psicológica, de olhar, de ações ou omissões, pois as vítimas são “qualquer pessoa”, culta ou analfabeta.

Não se pode afirmar o que pensa o violentador e como é sua aparência, apenas se detecta sua conduta a partir de contatos e relações contínuas, uma causa injusta, pois os agressores ludibriam a intimidade da vítima, alcançando seus temores e cautelosamente, intentam seu desejo.

Enquanto estive à frente de um projeto no sistema prisional (7 anos), presenciei o repúdio da comunidade carcerária aos “Jaks”, assim denominados, fizeram, de certa feita, uma fila para estuprar um violentador sexual que saiu do regime fechado para o semiaberto. Na fila mais de 50 homens para estuprar um só estuprador, foi uma cena pior que presenciei na vida, o que motivou a trabalhar mais e levar luz para aquele lugar, construir templos e respeitar as desigualdades. O próprio violentador, quando se queixava, dentro de uma roda de conversa o chefe do grupo dizia que este sabia o porquê era tratado com diferença e que era obrigado a aceitar, o que eu também concordava, pois um grupo tem um líder e a partir de ser eleito, comanda e edita normas.

Comheci figuras inéditas, alguns, entre outros crimes, a opção sexual, homo, re(re) incidentes, se assim posso diagnosticar, mas, sábios, envolventes, inteligentes e cientes da realidade, porém, manipuladores e sem limites nas ações, sem medo de enfrentar o que quer que seja para defender a honra do cárcere.

Recebi ligações madrugada pedindo ajuda, socorro e a responsabilidade aumentava, mas, difícil mesmo não era lidar com mentes criminosas e sim com o ladrão, uma vez que a política e a própria polícia e justiça conduz pessoas ao cometimento de ações desde a infância, pela sobrevivência.

Em um país acovardado, normas e regras quebradas, a educação e o sistema social criminal se encontram em um seguimento cada vez pior, pois a razão e os motivos que levam pessoas a retirar-se da honestidade deixa de ser praxe para ser razão, uma vez que a fome não é a memória da África como se apresenta, encontra-se nas várzeas, nos acumulados nos morros, nas ruas que foram eliminados na cracolândia para apresentar um Estado Democrático a gregos e troianos.

Do carnaval ao rock, influências e marginalidade em todas as searas, pois a invasão da inteligência artificial reina e crianças, adultos e idosos encontram-se dependentes de fraudes e à mercê de quadrilhas armadas com a tecnologia limpando contas e cofres públicos ao mesmo tempo, só que, colarinhos brancos não são punidos na ceifa da noite, muito pelo contrário, editam leis sem suporte para cumprimento, redações em espécies nobres, significativas e com termos redacionais louváveis, distantes de alcançar seu objetivo.

Assim, na calada da noite tudo pode acontecer: leis são criadas, processos e decisões são julgados, assediadores tramam suas sagas, trabalhadores buscam em ubers, home Office e moto boys ganharem dignamente o pão de cada dia, tudo dentro de um mesmo seguimento, sem fé, perseverando ou não, diferentes e iguais ao mesmo tempo, pois, só resta uma passagem, única, soberana, o túmulo.

A vida em devaneio retira da memória resquícios do passado e joga ao corpo reflexos, dentro de uma conveniência de estar “o centro das atenções”, pois, doenças se acumulam em hospitais nas mais variadas formas e registros, do físico ao emocional em uma vertente que retira dos centros de atendimento os mesmistas da medicina para dar espaço a pesquisadores e cientistas, exigindo conhecimentos, suporte do Estado e de planos de saúde, rede particular em especial, onde e quando maior percentual se resume na agricultura e nos fármacos, pois aglomerados de elementos que invadem o indivíduo ainda no seio da madre.

Da vingança privada aos históricos da realidade (ruas, cenário político), não se pode dizer que houve uma evolução, mas mudança de personagens, pois o negro necessitou de legislação para se inserir socialmente, o ébrio continua dependendo do Estado de entidades filantrópicas para sua recuperação, vez que a família cada vez mais fracassa, as relações familiares e afetivas se mobilizam em uma modalidade de vingança e perseverança, permanecendo sólidas aos que busca flexibilizar, perdoar, compreender, dignamente conviver com diversidades em uma realidade cultural.

Em realidades da família, vícios e realidades são diversas em culturas, dentro de um Estado laico, culturas diversas enriquecem de norte a sul famílias em suas construções e formações, entre estas, poucas são as culturas onde não se há resquícios de violência doméstica, abuso sexual ou constrangimento irregular a membros da família.

Na modalidade, alguns optam pelo eudemonismo, ou seja, passam a viver uma vida completamente diferente, esquecem tudo e ao cúmulo, optam por ser morador de rua.

Na versão dos ébrios, usuários, instituições tem buscado resgatar seres humanos, ao contrário senso, instituições buscam com ênfase proteger animais e estima-los como humanos, com despesa individual superior à de um humano (adoção).

Hoje é um novo dia, terça feira, dia de todos os santos, em especial, homenagem aos mortos, contrariamente ao respeito de deixaram de receber em vida, alguns visitam túmulos em busca de um ritual católico ou de outras religiões, todavia, não encontram lá o túmulo de Jesus, pois este ressuscitou. No local do túmulo de Jesus, visitado por inúmeros de todo o mundo, uma curiosidade, mas, não imaginam a verdade sobre o deslocamento da pedra que o encobriu e da imaginável presença deluz com seu renascimento.

Os meses próximos trazem uma saga, que perdura desde a contagem dos anos, indo devagar, passo a passo, que vão dos preparativos para o natal, eis que o comércio já se demonstra atuante em busca do lucro.

Quanto ao túmulo onde foi enterrado Jesus, importa estar lá, colher nas mãos o solo em que incontáveis pessoas estiveram e a energia do local, o som da terra dentro das mãos em uma reflexão sobre a vida e morte, conjuntamente, com o sentir do vento sob um olhar diverso.

Ainda, por ser dia de finados, tentar banhar-se no rio morto, entender o que Deus quis dizer através daquelas águas e o que muda na vida de cada pessoa a partir de banhar-se em uma água tão especial, santa, um vernáculo onde se lembram vampiros e animais de raças, espécies, entre estes os humanos considerados por assim ter nascido, mas com valores diversos ao ingressar nas águas.

A compra da salvação, assim como já mencionado, onde os poderosos faziam e fazem doações a igrejas acreditando que a salvação é a liberdade para estar no paraíso, um lugar de campo verde (um jardim do éden) e querer voltar para garantir a eternidade.

Diverso do que se pensa, do que se acredita, o tempo de plantio e colheita encontra-se em solo, onde você nasce , na terra, acrescentado de valores e uma sequência de eventos da família ou da vivência que conduzem a uma vida em etapas, valores a serem conquistados e permissíveis.

Cada um no seu universo, o do conhecimento, da sabedoria de Deus, da descendência, da necessidade, tudo na condução da luz e do fim, embora poucos percebam que a luz, é a única coisa que importa. Ao falar em luz, bom imaginar um foco forte onde só você, vestida de roupa leve possa ser contagiada, contaminada, envolvida, entrando fortemente ao encontro sem julgamento, sendo real e forte, pois a morte não é reflexo de medo e sim de consciência acerca de algo que é decidido quando você nasce, ou seja, conforme Napoleão Bonaparte, 20 anos antes de você nascer, já está escrito.

Eu não me achava amável (perfil para atrair amor), pois a mídia busca cada vez mais destacar um perfil estilo magérrima e tanquinho, quando optei cuidar da saúde e ser feliz. Em primeiro, fui tratar de uma esteatose hepática, pois exagerava mesmo em queijos, uma gula, algo incontrolável, depois de 2 meses em tratamento, me submeti a eliminar o sal, temperos com conservantes e corantes, restando apenas o baycon como luxo. Do mais, utilizo ervas naturais para temperar os alimentos e o sal já me eliminou medicamentos para pressão alta e para retirada de líquido do corpo, este vai bem, e assim, segui em frente.

Percebi que quem gosta de verdadeiramente de mim não me exigia corpo e sim satisfação, onde passei a observar as críticas (de onde vinham e como chegavam), que não eram construtivas, tipo: seu cabelo está horrível para ficar na recepção, pois decidi também não querer química, o dinheiro estava disponível a esse capricho e me senti mais livre, apenas o shampoo para bebê, reparador de pontas que dura 6 meses (gotinhas) e um creme de pentear. Observei durante minha jornada de beleza, que as pessoas não se importam com status (gente) e que a futilidade é bem admirada, cobrada e exigida, tudo dentro de um contexto onde "se entendem" e "se cobram", onde não quero estar inserida.

O meu jeito de ser, exigir, cobrar é silencioso, cuido de mim e agora iniciarei minhas caminhadas pela manhã, pois gosto de madrugar, levantar 4 da manha e sentir o orvalho; isso desde criança, meu relógio metabólico madruga e pede cama as 11 da noite. O meu despertar é mecânico e às noites mal dormidas, quando possível, repouso uma hora pós refeição, que, em geral, é um generoso prato de salada verde com tomates, pouca coisa, e crua. No jantar, gosto muito de coxinha de asa de frango, refogada com açafrão e pouquíssimo sal (2g), frita e depois cozinho macarrão sem glúten dentro. Para mim é um manjar. Gosto muito também de cuscuz com baycon, utilizando apenas o sal dos pequenos fiapos de baycon retirado o sal. Não como nada com corantes, conservantes, tinturas e congeladas, nem doces, não me fazem mais falta. Em exceções, peço uma tapioca com frango, ou um assado de frango (rocambole), só temperado com sal, que daí mistura nas saladas, mas o dinheiro também não está dando para esta vaidade.

Ainda aprecio o café (3 no máximo por dia). Não me sinto gorda, me sinto bem, porém, mantenho 103kg com 1,72m e meu namorado diz que "quero ter o que pegar", o que acho muito engraçado, pois já me chamaram de gorda, baleia, fora de forma, não vai achar marido, o que até me tirava do sério até eu perceber que não era sair do sério e sim retirar do convívio quem não me respeitava. Simples assim.

Estou hoje de volta no hospital, meu turno de 12 horas, dia de finados, não posso falar em somente hoje ter saudade dos que me deixaram lembranças boas, pois essas lembranças e saudades vão e vêm todos os dias do ano. Aqui, diante da realidade do quadro daminha mãe, vejo apenas a satisfação em ser cuidada, exigências e intolerâncias, limitações e gemidos sem nexo, o que a meu ver, demonstram que exige ser cuidada, que é satisfativo ser cuidada e fico com sentimento de dor ao ver os profissionais tratar com tanto zelo e queixas infundadas de "mão pesada", "machucou" [...] corpo e mente estão em um desafio gigante, onde medicamentos para adison, psicofármaco receitado pelo neuro e psicólogo estão em busca de encontrar o ser humano que precisa ser despertado, que precisa reagir e encontrar a essência da vida.

Quando falei que desisti de uma pessoa, fui clara, dei o meu melhor e esperei o momento em voltar a ser eu mesma. Assim agiu Cora Coralina que foi fiel a seu esposo até que a morte os separou, e deu início à sua escrita, memórias inéditas adormecidas e à confecção de seus maravilhosos doces. Hoje, estar-se-ia diante de uma separação decorrente de violência psicológica, mas a sabedoria falou mais alto e ela aguardou a condução de Deus, no tempo de Deus, para seu resgate interior.

Estou em busca do meu resgate interior, e assim pretendo concluir "eu", "tu", "Ele", "Nos", "Vos" e "Eles", uma forma de demonstrar minha saga, minhas histórias, eventos marcantes.

Nem tudo foi morte e vida na minha saga (20 anos antes de nascer, infância, vida louca para criar 4 filhos) e maturidade, que foi se abrindo a partir do hábito de ler e buscar me encontrar.

Até então parecia que eu tinha armas prontas, pois me exigiam e eu reagia, reagia de forma dura, uma defesa constante e não tinha noção do que era felicidade. Consegui me desvincular de algo que acreditava ser amor, mas era um sentimento vazio, que nem eu mesma queria tê-lo.

Gosto de contar minhas peripécias, e uma delas foi quando, diante de tanta inconsistência no meu segundo casamento, chegou a Lei Maria da penha. Eu estava cansada de tanta pressão psicológica, daí, o ex foi me pressionar (eu estava de saída pro hospital, com uma filha deslexa chorando na beira do vestido), chuva e temporal, peguei uma faca e disse a ele, saia de perto de mim que te pico e jogo aos porcos, assim como em tomates verdes fritos. Acho que ele ficou com medo. Uma amiga me levou ao hospital. Ele aprontou tanto no hospital durante dois dias de estadia que a Mirian, administradora do hospital convidou a ele a sair do hospital. E, mesmo assim, hoje somos amigos, pois fui ameaçada de morte (eu e minha família) durante 11 anos, até que um dia vi em um filme uma pessoa que passou a rezar o pai nosso quando o marido a agredia , e assim, consegui êxito.

Foi engraçado, porque ele sabia de "exatamente tudo que acontecia na minha casa, minhas lutas, doenças de filhos, corte de energia" quando, há 4 anos descobri que uma das minhas filhas era chantageada psicologicamente por ele para dar estas informações. Então, o inimigo não mora ao lado, ele está dentro da sua casa. Chorei muito e nunca tirei satisfações, mas, perdi confiança total nesta filha, uma decepção sem nome, mas perdoei, só não confio mais e evito pedir qualquer coisa, pois temo que seus limites sejam evasivos.

Em uma das batalhas para criar os filhos, eu e a "feia", minha mãe, assim apelidei ela, pois quando eu me vestia para ir ao trabalho, até então bela e formosa, ela me chamava de lindona e não permitia que outras pessoas me chamassem assim, era só ela. Daí, se o príncipe apelidou sua ama de leite de borboleta, porque eu não poderia dar a ela um apelido único? Feia, e assim é até hoje, minha mãe de verdade, convivemos por 20 anos, criamos juntos os filhos dela e os meus, e tudo o que eu tinha era dividido com ela, as dores, os bens materiais, os alimentos e nunca nos faltou fé para perseverar. Feia é amada por meus filhos um tanto, que ela não diferencia os que pariu dos meus, sequer os meus entendem a diferença. Ensinei feia a cozinhar e triste foi quando adoeceu seu violento marido, pois vivia fracassos também na família com os 4 filhos instáveis psicologicamente, financeiramente e com vícios. O esposo de feia faleceu, mas ela superou. No dia que completaram 20 anos que ela estava comigo realizei o sonho dela "um bicicleta elétrica", comemoramos, mas, feia entrou em depressão profunda e nunca aparecia com a bicicleta, mesmo eu tendo pago para alguém ensinar a usar...sempre inventava desculpas.... comprei vitaminas, dei anti depressivo e viajei para cursar o doutorado. Ao retornar, ela, cabisbaixa me disse que o filho havia trocado a bicicleta na boca de fumo. Incialmente, quis protege-la, falei besteira aos filhos, etc., pois a dor dela me transformou. Mas, ao final, decidimos orar.

Feia passou dias na praça do bairro tentando resgatar o filho dos traficantes e foi quando eu soube que uma vizinha dela disse que resgataria a bicicleta dos traficante por 500,0 e ficaria com a bicicleta. Começamos a orar. O filho de feia teve o rosto quebrado pelos traficante e ficou ossos puro seu corpo, que coube dentro de uma caixa de feira e, assim, foi levado ao centro de recuperação.

Para ser resgatado pelo corpo de bombeiros, ela insistia e não era atendida, quando liguei e disse que eu estava com a imprensa, algo que sempre funciona. Daí ela se acalmou, voltou de novo ao trabalho e continuamos em oração.

Daí, feia começou a se apresentar meio alegrinha, tudo bem, a gente sempre se divertiu muito, adoro brincadeiras engraçadas, fingir surpresas, e tornar o ambiente que gosto tranquilo, mais harmonioso, esta sou eu, gosto de silêncio, não gosto de música, mas, até pensei em comprar um violão e tentar fazer alguma coisa para umas músicas da minha infância na igreja católica, Zé Ramalho, alguns que sabem fazer música e melodias, não pancadas que denominam arte.

Feia chega certo dia dizendo que uma amiga (vizinha) ia se casar. Tudo bem. Daí, no dia seguinte vem e me diz que a vizinha falou de um sitiante solteiro (meu olho arregalou...silêncio puro), dia seguinte me traz uma foto...daí, percebi que o amor chega a qualquer momento e que feia já havia escapado. Dei a maior força, enamorou, se casou no período de pandemia, eu e meus filhos montamos um enxovalzinho pra ela, que encontrou um homem que a trata bem. Após o casamento, feia adoeceu e teve ao lado dela um grande parceiro, que me chama de bonitona, de atrevimento, ela proibiu, só ela pode me chamar de bonitona, bem como não permite que ninguém a chame de feia além de mim. Um pacto maravilhoso. Feia esteve presente comigo em 20 anos nos melhores e piores momentos da minha vida, rimos e choramos juntas pela dor de cada uma. Os nossos filhos se respeitam, mas os filhos dela sabem que ela tem meus filhos como filhos dela e se isso agrada ou não, nunca saberemos, pois não nos preocupamos com isso.

Feia veio me visitar há alguns dias, está linda, rejuvenesceu, está bem cuidada e sendo tratada por médicos e deixou a casa onde morava e reside no sítio do esposo.

Da bicicleta elétrica, entregamos a Deus a causa, pois como diz Desimoni (meu grande mestre), ninguém pode com o poder dos traficantes. Oramos e aguardamos, até que certo dia surge na casa dela uma pessoa dizendo que havia comprado um terreno do filho que entregou a bicicleta para os traficantes (400,00) e que devia a este filho 3.000,00. Resposta de Deus, ela guardou esse valor, pagou o traslado para levar seus objetos de casa que eu havia dado a ela novos ainda, deixou os filhos com o que restou, se viram, pois são homens de 45-40-38 anos, e pegou esse valor restante e comprou uma vaca. Esta vaca é realmente o sonho da vida dela, ela tira leite, vive bem e me contou que, agora, sem ter que sustentar mais os filhos (estão morando juntos) e aprendendo a gastar o fruto do próprio trabalho, ela já tem 3 cabeças de gado e conheceu a felicidade.

Nossa relação é tão íntima, tão relacionada, que sentimos a dor da outra mesmo distante e mantemos contato, é algo que não é como uma relação de mãe e filha, mas algo que justifica amor, perdão, razão, verdade e fé no que acreditamos verdade na relação entre duas pessoas.

Não tive este sentimento por mãe, pois quando meu pai faleceu, ou seja, três meses antes eu morava no primeiro habitacional da cidade e meu pai, que havia tido uma crise epilética me expulsou de casa uma noite com duas filhas (1 anos e 7 meses e outra de 8 meses), indo morar de aluguel e tentar me sustentar. Aí, fui peregrinando e tentando sobreviver com horta no quintal, ajuda do diretor da escola que trabalhava que me dava merenda escolar, pois pensão alimentícia, essa não vinha.

Saí do quase casamento, pois o casamento não se realizou. Eu estava grávida e a amante do meu quase esposo, foi ao cartório e retirou os documentos. A canalhice foi tão severa, que no dia que fui morar com ele, já gravidez de meses, ele saiu para tomar leite e voltou uma semana depois. Moravam na casa um tio manco e alcóolatra, mentiroso e homossexual, um irmão indefinido e um primo que se masturbava dia e noite, em busca de emprego, sendo que eu sustentava todos, e as minhas compras de mercado o tio levava para a amante.

Ao sair de casa, o então pai das minhas duas filhas, desligava o relógio de luz, e todos obedeciam. Mas, uma vizinha, arquiteta, descobriu minha situação e foi lá e religava a energia. Fui criada, e assim entendi minha mãe, que tudo eu tinha que suportar, pois temia que eu voltasse para casa para ser a vergonha da família.

Até que, certo dia, eu estava dormindo, e ele me chamou para ir ao quarto vazio. Fui ao quarto, ele me trancou grávida, no quarto sem colchão, sem ar condicionado, e foi dormir com a amante na minha cama, eu ouvia da parede gargalhadas, o sexo, o chuveiro, e eu urinei no lustre que consegui retirar da lâmpada, inchei tanto que perdi os sentidos.

Acordaram as 10 da manha do dia seguinte, lá se encontravam os parentes, ele saiu do quarto com uma arma, protegeu a amante que saiu sorrindo e ainda encontrou um colega de trabalho e contou o que havia ocorrido.

Fiquei inconsciente por vários dias e para a família dele, tudo normal.

Voltei para casa com uma trouxa de roupas e duas filhas, mas, como disse, meu pai se revoltou. Entrei com ação judicial, mas ente bens materiais, fiquei com as filhas e deixei tudo a ele, que enfiou na bunda de um advogado que morreu na miséria, pois prometeu a ele as filhas.

No dia da audiência, chamei o esposo de uma amiga de trabalho e fui ao fórum. Subi de joelhos a escadaria e pedi por "Deus", substituíam o parquet, pois ele é um criminoso, quando o chefe da promotoria enviou um anjo, que me ouviu em separado e me deu a guarda das filhas e na minha ausência, minha família, extinguindo o pátrio poder do progenitor.

Como vingança, ainda convenceu retirar as crianças, quando meu pai espancou um oficial de justiça para defender minha família e foi cruelmente preso, o que foi luta para a liberdade.

Em outra vingança, requereu uma visita para levar as filhas a uma loja para comprar um presente véspera de natal. Sumiu com as filhas e retornou com elas dia de janeiro. Chorei muito e um colega, que amo muito, me viu triste e perguntou: o que você quer que eu faça hoje? Eu disse: gostaria de que esse pai deixasse minhas filhas em paz. Ele disse, esteja aqui daqui meia hora. Estive e lá se encontrava um senhor idoso, com a barra da calça arregaçada e me fez a mesma pergunta. Somente me pediu para contar minha história e o nome do pai das crianças. Assim, por mágica, nada paguei, mas nunca mais vi este senhor, sequer sei o nome e somente 34 anos após, o pai convidou as filhas e os genros para passar o natal com ele, o não restabeleceu o vínculo.

Uma das filhas queria entender tudo, pois não acreditava no que eu falava e essa fala e acredito que seu eu tivesse contado, não teria acreditado. Mas, promovi todo o necessário para conhecer o tio, e sucessivamente o pai, mas, as relações se existem, desconheço, pois ficaram muito fracas quando ele, pastor, se recusou a levá-la ao altar, sob alegação de que os outros filhos sentiriam ciúmes.

O que sinto em relação a isso todo? Sentimento de pena, pois utiliza a sabedoria para roubar, matar e destruir, vez que em sua terra foi encontrado corpo, e envolveram-se em venda de objetos ilícitos, além de me contaminar com doenças venéreas, inclusive carrapatos de sexo (chato), mentia para si próprio, envolveu-se em roubo grave, furto de carros e mantinha essas pessoas dentro da minha casa.

Bom, voltei para casa, era uma casa recém construída, para minha mãe a vaidade e ela definitivamente não me queria lá. Meu irmão e sua ex (primeira) tinham um filho e saímos à rua e minha mãe se ausentava de mim, tinha total vergonha de ter uma filha separada, pois se sentia presente na alta sociedade.

Vendi a moradia que tinha no bairro habitacional e comprei móveis para ajudar na moradia onde eu ia viver.

Em um certo domingo, todos os mais próximos amigos estavam presentes, e cozinhei coisas boas, tudo para agradar a família. Fim da noite, meu pai sempre ia ao meu quarto visitar eu e as duas filhas que dormíamos juntas. Abria porta e não vi os pés dele...ao amanhecer, estava morto.

Ele já estava sofrendo muito, minha mãe mentia que ira para reuniões, etc., e descobrimos há pouco mais de 1 ano que ela ia bailar em sítios e festas, uma pessoa que a levava contou direto para minhas filhas.

Foi horrível. Incialmente minha mãe so vestia preto.

Mas, passados 15 dias, cheguei em casa do trabalho (professora noturna) e chamei, me preocupei, quando ela abriu a porta, minhas filhas dormindo, e um rapaz de pouco mais de 16 aos, sentado no sofá devidamente vestido. Foi um choque, o suor do corpo do meu pai não havia secado e ela já esta sexualizando com uma pessoa, office boy do trabalho dela na prefeitura e assim seguiu, foram casos e mais casos, até que se envolveu com uma amiga, que tinha caso com o próprio sobrinho e sexualizavam dentro da casa. Eu nada falava, mas era uma dor que me levou a tanta tristeza, dificultando e distanciando-se mais ainda dela, que dizia que "fui a uma festa e a pessoa "x", que eu queria que fosse minha filha, esposa de fulano, tinha anéis de diamante em todos os dedos, pulseiras e jóias, uma noite maravilhosa" e eu sequer tinha roupas para vestir, mas nada disso mexia com meu profissionalismo.

Certo dia, decidiu vender os bens e ir morar com a família no estado de onde viemos. Todos pobres, ela que mantinha uma melhor situação. Conseguiu abonação de frequência e buscou dividir tudo. Para ela, venderia tudo, era tudo dela, foi quando decidiu me dar meia data, metade de um terreno na periferia da cidade, hoje via principal uns 7km de distância, capoeira, onde nem passava ônibus.

Mas, coisas são inexplicáveis, meu irmão chegou e disse: essa casa é sua, vamos vender todos os terrenos e as crianças não vão ficar desamparadas. Foi um choque e o ódio era visível, assinamos tudo, ela vendeu tudo, levou até mesmo a geladeira, me deixou em uma casa sem geladeira com duas crianças e foi ter um caso com uma pessoa casada, irmão dessa amiga que tinha um caso com o sobrinho.

Soube por ouvir dizer, que perdeu o apartamento que comprou, que gastou todo seu dinheiro e que depois comprou outro apartamento e, mesmo assim, fazia fofocas da minha vida para meu irmão, o que levou ele a me colocar em uma situação difícil certo dia. Pediu uma pizza e me enquadrou na desgraça, disse que meu pai se envergonhava de mim e que estava se virando no túmulo.

Deitei, acordei, chorei muito, mas mantive o perfil de tudo bem, fiz café a ele que foi embora.

Passei 2 anos sem falar com nenhum dos dois, sem dar respostas, sem atender telefone, até que ele, diante do depoimento no fantástico do irmão da Ivete Sangalo, eu ouvi e disse: ele vai me pedir perdão....e só pediu perdão porque ia se casar, pois foi traído pela primeira esposa com seu melhor amigo (ele a retirou do prostíbulo) e eu, fiz uma recepção e apresentamos ela à sociedade da época. Porém, ela saiu da casa de prostituição mas a prostituição não saiu dela. Saímos a locais públicos, quando encontrava as colegas indagava sobre homens e queria saber se eles perguntavam por ela.

Por incrível que pareça, eu era professora, tinha uma fabriqueta de artesanato, criava galinhas e era a vergonha, mas quem me acusava era traficante internacional e todo o patrimônio decorreu de uma missão de risco após ter cumprido pena no Carandiru por 4 anos.

Seguindo, tive dois casamentos, e um após o outro, consegui separação de corpos com o advento da Lei Maria da Penha e fiquei sozinha (entre aspas), até que conheci algumas pessoas, mas não se encaixava, e buscava ética e preservar os filhos.

Os filhos (primeiro casamento) não me veem como pessoa de direitos, pois não me reconhecem como um ser humano e sim como uma pessoa que "serve" e é "obrigada a fazê-lo", todavia, nunca parei para contar minha verdadeira saga para não lhes faltar o leite e o pão, o almoço, o jantar e o necessário.

Enfrentei muitos desafios, mas, ser quem sou, me diz que tenho muito que aprender e que as escolas da vida ainda tem muitas aulas para eu frequentar. Não desisto.

Em um episódio, eu vendia pão e salgados, mas eu era a vendedora, tinha muito medo de minhas filhas ser assediadas, pois são lindas e como fui assediada, eu mataria alguém. Minha filha chegou em casa, vindo do clube e me contou que uma pessoa lá, um homem, falou para ela que era amigo do pai dela e que elogiou o corpo dela. Virei demônio. Fui ao clube, confirmei com o cuidador da recepção e consegui excluir o sócio, isso em 1989, sendo que a Lei Maria da Penha chegou décadas após.

Era uma guerra, uma insegurança, parecia que a violência sexual não saia de dentro de mim, cheguei a perceber que meus seios eram horríveis, tinha pavor, queria retirar, até que, em um dos encontros de doutorado, fiz psicanálise e descobri que eu sentia remorso, pois meu segundo namorado invadiu minha intimidade e meus seios, sem eu ter satisfação, daí sentia vergonha e culpa, até que me recordo ainda o dia, falei pra ele ok, faça o que quiser, ele tinha 24 e eu uma menina, 15-16, ele desistiu em breve, pois atendeu minha mãe que não suportava ver a gente juntos e pediu para ele se afastar.

Tivemos idas e vindas, até que decidi não querer ser amante, quero o que sempre quis, ser livre para decidir. Hoje não sei notícias dele e não me faz falta, pois fiz propósitos, e nos propósitos, pedi a Deus para me excluir daquele sentimento de dependência, o que foi possível com a psicanálise, onde descobri também, que pessoas violentadas sexualmente, geralmente, são obesas.

Quase tive um casamento normal, tudo certinho, mas meu namorado foi fazer sexo com uma srta. Muito esperta e experiente, que o levou para a cama, e a mãe dele obrigou a me falar a verdade. Ele não me deu um tempo, agiu logo em continuidade sexual e quando eu pedi para conversar e traçar metas, já havia uma outra moça grávida dela e vivem até hoje. Ele, conversa comigo pelo face, diz que fui o único amor da vida dela, mas convive com a esposa e ele convive também com uma doença grave, sofrimento que poderia ser evitado se houvesse maturidade para ambos.

Memórias, algo incontrolável.Ontem um onda de melancolia, de impotência me invadiu. Questionei sobre escrita, mas, hoje, acordei com memórias de longas datas e parei tudo para colocar no papel. Pois, assim como minha mãe se esqueceu de 3 meses de sua vida, vou encadernar para entender quem sou se adison ou outra qualquer parte do meu corpo ignore minhas lembranças (quaisquer uma delas). Jamais quero me esquecer que limpei o cú com sabuco, que subia em árvores e dos amigos que conquistei.

De cada um deles, a quem só agradeço tê-los como amigos, não pretendo esquecer. Vou falar de cada um, pois o tempo não me surpreenderá, sequer alguma falha orgânica, mesmo com diarreias ou alguém para ler, pretendo saber, a cada dia, quem sou e o que fiz em toda minha saga.

As folhas vão ficar amarelas e não pode interessar a outros, mas pra mim interessa muito e, revendo, percebo que hoje vieram muitas memórias que já estavam sendo esquecidas com o tempo (choro).Aos 60 já sinto os braços pesados, as pernas com difícil locomoção e meu instinto elevado, dentro de uma percepção aguçada para entender e compreender....vivências!

Quero falar agora de um evento que nunca entendi direito, foi a história do meu pai com um cidadão. Tudo indica ter se tratado de um mal entendido. Uma BR federal ia ser construída, e era, realmente intenção de um fazendeiro mudar o percurso da rodovia para obter vantagem no seu espaço, uma vez que sua fazenda já ligava um distrito a outro. Mas, meu pai chegou em casa ensanguentado e disse ter travado briga com um dos capangas do fazendeiro, e na tragédia que é a justiça, fomos retirados da cidade e meu pai chegou a ficar preso em manicômio. Tempo muito triste, eu nada entendia. Nessa noite, dentro de um carro: eu, meu tio a quem devo ter conseguido estudar, meu irmão, meu pai e minha mãe fugimos e perguntei para onde estávamos indo e meu tio respondeu: "nem eu sei". Idas e vindas, "me passaram de ano", pois fui e vim se entender nada, sem estudar, sem rever, dependendo de familiares para tudo se ajustar. Daí, fomos morar na capital, lá foi a desgraça, minha mãe se juntou a amigas, se vestia bem e meu pai ia e voltava da fazenda, mas eu percebia coisas diferentes no andar, no vestir, tudo dentro de uma vaidade e às vezes não tinha realmente o que comer. Meu irmão foi ser auxiliar de chapa, descarregador de um depósito de madeira aos 12 anos e minha mãe começou a costurar para ajudar, mas meu pai quando vinha vendia leite e pegava derivados no laticínio para casa. Eu não entendia, mas acabava sem explicação (tudo bem).

Fui estudar em um colégio, depois fomos para outro colégio e por fim viemos com a família para outras terras. Tudo tão ignóbil, tão meio sem jeito, desajeitado e desajustado, sem frequência, poucas amigas e estas percebiam que eu era da roça e me acolhiam bem, eram muito humildes.

Transcrever a história é reviver e parece-me que estão aflorando sentimentos, entre as reservas, o sonho de ter uma casa, comprada com meu dinheiro, suado, meu, sem ser herança, esta é de gerações e será dos meus filhos.

Gostaria de um chalezinho aconchegante e cheio de verde, mas, minha escrita teria de alcançar pelo menos isso, pois como professora, só por milagre. Uma vez professora, sempre e eternamente humana, assim como na psicologia, humanista e Carl Rogers, centrada na pessoa, nada além de imaginações e histeria, pra mim, não há relação, todavia, psiquiatria e psicofármacos sim.

Eu morava na cidade e havia um pé de manga, hoje senti o sabor daquele tipo de manga, eu ficava ali debaixo comendo mangas com sal, e disse ao meu love, o negão, que ama essa alcunha, acha carinhoso, uma vez que não permito ningue chama-lo assim, "só eu", que vamos morar em uma casa onde possamos plantar um pé de manga: ele concordou, só disse que vamos estar velhinhos e o quintal não pode ser muito grande (risos).

Também, gostaria de fazer abdominoplastia, pois sempre tive abdômen alto, hoje sei que violentadas sexualmente são ansiosas e esta ansiedade gera acúmulo de peso, dos seios, pois toda a máquina possui suporte e limites, e assim, meus seios também são enormes. Não gostaria de evasivas, mas de ter cintura, poder encontrar um sutiã normal e uma calcinha disponível no mercado normal, gostaria bom.

Falo agora da opção pelo silêncio, assim como foi meu pai nos últimos tempos, permaneceu inerte, só comia, acalentava as netas e curtia suas graças. Quero mais, estar bem, em paz, de bem com as minhas memórias e solidão, que agora escrevo para resguardá-las e entender melhor fatos e a origem de situações como intolerância à lactose, que nada mais é do que uma resposta do corpo a algo que excedeu, que não foi aceito.

Como disse, desisti de uma filha, me dói muito, mas faço minhas reservas, pois chegar aos 59 não foi tarefa fácil. Tenho sentimentos e dores que ainda precisam ser superadas para alcançar o oásis do perdão como Jesus Cristo. Sinto uma saudade de quando eram crianças que se satisfaziam com o que tinha para comer. Eu que errei, dei além das minhas forças, uma forma de compensar não sei o que, era meu entendimento, e assim, me viram como uma máquina que produz, sem coração, como se fosse algo sem sentimento, pois se programam na minha frente sem me convidar. Não faça parte da vida delas, sinto-me excluída e decidi assim ficar, uma forma de zona de conforto.

Em recordar, bom que, o tempo não vai me cobrar se eu deixar escrito, quando fui ganhar minha primeira filha, a minha secretária estava grávida do meu então marido e este foi se queixar, na primeira visita no hospital, que sua bota estava suja e sua calça com a barra descosturada. Retornei para casa e a empregada foi dispensada, trabalhei os 3 meses como louca cuidando da casa, da filha e dos parentes, não entendo como resisti fisicamente, além de este "exigir" relação sexual diariamente, anal, pois a amante havia viajado.

Teve o desparate de contar que teve dó, pois a amante tinha 4 filhos e, para não trazê-los com ela para passear, pediu às crianças que fossem trocar de calçados para ir junto, e saíram de carro voando e as crianças ficaram chorando e ela sorrindo.

Tempos seguinte, soube de um bar de primas prostitutas na BR, onde esta mesma mulher estava grávida de um filho mas como havia tido relações sexuais como vários homens, tinha que esperar nascer para saber com quem se parecia. As primas, assim conhecidas, destruíram vários casamentos e ficaram viúvas e bem de vida bem depressa, pois o intento era alvos certeiros.

Debaixo da cama de casal, onde eu vivia, na noite em que estiveram juntos, amanheceram dúzias de anzóis, feitiços e tentativas de fisgar, mas, ignorei e fui em frente. Os vizinhos souberam.

Certa feita, nas dificuldades da vida, eu lutando para manter as filhas, nada de pensão alimentícias, mandado de prisão já estava há mais de 4 anos na delegacia da cidade onde o indivíduo residia e tudo “estava bem”, até que um dia um delegado de polícia disse na TV que a cidade estava em ordem. Fui à porta da delegacia, chamei o delegado e chamei ele de mentiroso e corrupto. Não me prendeu, mas mandou me buscar em casa e me ouvir e me pediu 2 horas para efetuar a prisão. E assim o fez. Foi uma confusão danada, e pagou 2 últimos anos, e anos, exatamente, somente isso, era 1 salário para duas filhas, que tentou ainda retirar quando esta fez 18 aos, exatamente. Ocorre que esta já estava na prática do curso de direito e ingressou junto à coordenação uma contestação para estender até a conclusão do curso, e assim ocorreu. Era o suficiente para pagar a mensalidade do transporte para ir à faculdade, o restante, os braços e mãos aqui deram conta, embora não se reconheça.

Em uma das idas para a cidade onde a filha cursava direito, eu ficava trabalhando com uma coisa ou outra e aguardava a chegada dela as 11:45. Ocorre que esta reclamou de um dos guardar da rua que mexia com ela. Na segunda vez liguei para um amigo de verdade, que faleceu em um acidente de transito e trabalhava na referida empresa e contei o que ocorreu. O guarda foi exonerado imediatamente e retornaram ao local um guarda que já estava aposentado, retornaram ele ao trabalho, pois convivemos como conhecidos por décadas.

Em outra noite, fim da semana santa, era dia de prova na faculdade. Saíam às 16:45 do ponto de ônibus e por volta das 19:00h a colega de poltrona me liga em pranto, do celular da minha filha, pedindo para chamar o pai, dizendo: morreu, pegou fogo, quebrou o vidro, etc...(pânico). Não consegui um veículo na delegacia, polícia rodoviária em troca de plantão (a moça era filha de um policial rodoviário federal, que estava cansado e foi repousar), corpo de bombeiros não tinha viatura, ela não desligava o celular. Busquei carona, taxi, não havia dinheiro no momento. Liguei para um funerária, pedi ajuda e o proprietário me perguntou: com emoção ou sem emoção? Respondi: rápido: ele achou uma sirene de polícia e viajamos 24 km em 17 minutos....não sei como, mas cheguei antes de um incêndio e morte coletiva. Resgatamos as duas e voltamos, e no caminho encontramos tanto tipo de polícia que jamais pensei existir na minha cidade e na cidade vizinha.

Denunciei em cada lugar que passei, devo ter realizado umas 30 ligações e minha casa já estava lotada de pessoas, pois viram sair um veículo de funerária e fomos aplaudidas quando voltamos. Resumo, paguei o rapaz da funerária com um apoio na faculdade.

Mas, já vivi outros sustos. Certo dia, com uma babá para cuidar da minha terceira filha, o pai dela chegou em casa meio esquisito e perguntou sobre a filha: respondi, estou cuidando da roupa (ela ainda mamava no peito), tinha 6 meses, e tem um clube recreativo com piscinas, a babá havia saído para dar uma voltinha. Só que, fui ao clube e lá não estavam. Esta babá tinha sido indicada pela doméstica, eram vizinhas. E agora? Numa cidade com motores de energia, tudo escuro. Em alguns minutos mobilizei todos os amigos e foram, com a ajuda de uma vizinha, visitando rua por rua, casa por casa e outra amiga, do centro espírita, uma médica, conhecia minha luta, era minha cliente, veio com o esposo e mobilizaram grupos para interditar as saídas da cidade.

Assim, a polícia também não quis receber a ocorrência, só que quando viu a mobilização um jovem policial decidiu, pai, investigar. Chegando á casa da doméstica, esta levou à residência da babá e a vó disse que ela era de uma gang e que passava dias fora de casa. Enlouquecemos, foram a cativeiros, etc., até que uma médica, espírita, ao chegar em casa 11 da noite olhou para uma moça com uma criança diferente em sua casa e comunicou à polícia, pois era espírita também, e havia sido comunicada do desaparecimento.

Quando o policial chegou com minha filha, os peitos já estavam cheios de leite, e foi algo pra ela bem normal, amamentei e nunca deixei de agradecer ao policial e a todos que me ajudaram. Moro aqui, vivo aqui minha história, e gosto de gente, de conversar com o leiteiro, de saber das histórias das pessoas, de ser chamada de professora, de ver as pessoas bem, dou minha roupa do corpo se for preciso para ver uma pessoa feliz.

Bem engraçado, meu filho tinha 2 aninhos e não gostava de tomar banho. Nasceu prematuro e construí uma piscininha e um local lindo para ele passar as manhãs. Daí, aconselhando ele da necessidade de acordar, tomar banho, estar sempre limpo, ele levantou, saiu bem quietinho da caminha, vestiu a cuequinha e foi direto pra piscininha dar banho o gato, o que levou belos arranhões e a história foi muito comentada.

Vivi diferente no amor, no afeto, na afeição, pois os fatos foram diversos do que sonhei, mas percebi que meu sonho pouco importa, era apenas uma vontade, um desejo, pois de tanto medo, cheguei a escrever uma vez para um convento de freiras para sumir da realidade, que pena que não deu certo, teria colocado fogo lá também.

Na faculdade, tudo bem, eu contava moedinhas para pagar o transporte até conseguir comprar um fusca, arrependimento de ter vendido, pois amo um fusca, você tem a satisfação de ninguém pedir carro emprestado, é uma ostentação maravilhosa.

Minha mãe teve um fusca, assim como construí a clínica com uma indenização trabalhista, investi em imóvel, pois aprendi com Farinhas, o melhor, ela comprou um fusca, que meu irmão, juntamente com "amigos" cheios de álcool, capotou de cima de uma ribanceira, que nem as rodas foram achadas, perderam-se no rio. Restou a chave e o sonho, pois era o carro para ele ir trabalhar. Nada aconteceu e ela ainda passou o dia todo cuidando dele com dores no corpo, daí que descobri que o mesmo continuava usando drogas.

Devo tr feito também muita coisa errada, mas se eu tivesse capotado o fusca, teria sido mais amaldiçoada do que fui, pois ela me amaldiçoou que eu iria sofrer muito, que iria pagar muito caro, pois sofreu dores por minha causa. E agora, as dores do câncer, são também por minha causa?

Minhas filhas mais velhas eram sapecas, e muito protegidas pelos avós. Certa feita eu estava no trabalho e tive uma percepção ruim...percepção herdada pelo meu pai, que sonhava e era real no dia seguinte seu sonho. Pedi para ir para casa e lá chegando, elas havia usado o ferro de passar roupas para brincar, queimando várias roupas de hóspedes, minha família tinha um hotel (meu pai deu a meu irmão um hotel) para ele trabalhar e ele tomou posse, acabou destruído e restou somente o imóvel, que, ainda, pediu parte do meu para complementar. E, em seguida, enquanto cuidávamos das roupas queimadas, elas se prenderam em um depósito e colocaram fogo no depósito em um cachorro de pelúcia, o que deu muito trabalho ao meu pai....isso porque na semana anterior já havia tentado descascar a pele negra da filha da empregada para ficar loira como elas.

Que bom que vou deixar um livro de memórias, que sirva de geração em geração, e que me renda uma terceira idade para onde me encaixo, com lembranças por mim escritas. Pra mim é importante conta-las porque vivenciei estas memórias.

Sempre Deus me coloca para cuidar de pessoas e me dá o dom da vida, da sabedoria e do milagre, pois tomo decisões rápidas e entendimento em áreas diversas.

Meu irmão não estava falando comigo, nos vai-e-vem da vida, pois sempre que se empodera financeiramente me despreza, como é o caso agora, só que agora ele tem uma cúmplice, que já alcançou seu objetivo....[...] reservas...é a vida dela e falo de mim e do que interessa, ela não importa nem interessa, sinto muito, quero esquecer e não ver, nem ouvir a voz.

Daí, soube que ele estava no hospital. Estive lá e na cabeceira do leito estava um talonário de cheques do banco do brasil, a chave de um veículo e disse que estava tudo bem, me esnobou bastante, que era apenas crise de rins...ocorre que, meus pressentimentos são instantâneos, e no dia seguinte voltei com água de côco. Ele estava roxo, com a barriga 5 vezes maior que o tamanho, era a apêndice que havia estourado e o único médico da cidade com hepatite. Larguei tudo, uma pequena empresa que eu tinha e com outro amigo dele que estava na cidade, casado, mas afoito por mim, ficamos ali cuidando dele por 17 dias. Minha mãe já morava fora, era período de natal, ela estava em festas, tivemos que pedir ajuda da polícia para localizá-la e ela não veio para ajudar a cuidar do meu irmão, só vimos anos após as fotos dela em passeios na Bahia, excursões, etc...e ele foi salvo, tive que chamar tios, pois tinha que vender gado dele, posses, para pagar o hospital. Minha mãe chegou já dois meses após, quando ele estava com faixa nos braços e que quando vi, disse instantaneamente, é falta de feijão, e era, teve que tomar sangue. Fez 3 cirurgias, estava podre e ainda restou uma hérnia, que foi operado anos após no hospital militar de uma capital do Brasil.

Lembrando deste evento, eu comecei a ter falta de ar, assim, de repente e meu esposo contava sempre uma história de que na família, quando a mulher morria, o marido se casava com as pessoas próximas, e minhas filhas já estavam com 12-13 anos. Na madrugada, desmaiei, e fui ao hospital, resultado, ninguém sabe o que houve e o marido só ria e dizia que era macumba...sempre desconfiei de que ele jogava Deus e profecias....fui morrendo aos poucos e tive alta hospitalar em cadeira de rodas pelo clínico geral com lexotan 500, sob alegação de depressão. Ao chegar em casa telefonei ao gabinete do meu ginecologista e deixei mensagem à secretária que, iniciante, ignorou. Mais tarde, disse, aqui aparece cada coisa e revelou meu telefonema e este, a quem devo minha vida, mandou me levarem ao hospital, montou em um quarto escuro, uma UTI improvisada, sem recursos e me manteve por ali, fui à morte, ao vale do gelo, mas, não era o momento. Vi o arrependimento nos olhos do pai dos meus filhos, que perdoei muitos anos após, liberei perdão, pois essa dor me fazia mal. Ele mesmo levou missionárias para orar por mim, e acredito sim em ressurreição, pois haviam muitos cobertores em cima de mim.

Acho que repeti muito minhas memórias, mas, hoje, elas vieram muito rápidas, talvez para serem esquecidas dias após escrevê-las.

Amanhã volto para casa.

Hoje dia de finados e aqui 12 horas, bem cansativo.

Preocupada com compromissos e sem conseguir descansar.

Minha mãe já está teimosa, só faz o que quer e eu sou de pouca conversa, não temos assunto, pois perdi a confiança há muitos anos, perdemos o elo e assim perdura, pois descobri que tudo o que tudo o que ocorria na minha casa, minha intimidade, minhas reservas, ela levava ao meu irmão, do jeito dela, tentando um controle matriarcal, o que me decepcionou na conduta dele, pois acreditou na mente doente e assim me odeia o que não é recíproco, pois me recuso a ter sentimento para com a pessoa dele, ou seja, o filho dela.

Aqui, durante 10 dias, não trocamos palavras além das necessárias e técnicas, me tornei assim seca, seletiva, sincera e não versátil para futilidades. Me sinto honrada pela melhora que ela teve sob meus cuidados, o que não agradou a alguns, mas, fiz o que acreditei ser além do meu melhor.

Amanhã. Vou as 6 da manhã para uma padaria para aguardar a enfermeira, para não cruzar com família dentro do mesmo ambiente, pois a falsidade reina e não posso impedi-los de ir e vir, daí me retiro. Me retiro sempre de campo, perdi muito nesta vida, mantendo silencio e desistindo, deixando de lutar.

Nesta, perdi amores, oportunidades e chances, mas preferi não lutar com quem não valia a pena. Já está chegando a hora de me despedir. Ela sabe que vou e não sabe se nos veremos novamente, nem como, nem quando, mas, estou sempre pronta a perdoar sim, mas ser obrigada a fazer o que impõem, isso não aceito mais, é uma decisão. Decidi limpar um terreno vazio em uma várzea, e lá construir um chalé de 2 cômodos para envelhecer....pois pretendo transformar a várzea em um local de vivência.

Hoje estou sentindo ódio. Muito ódio. Sinto que tenho que trabalhar essa raiva, sentimento este que me dá quando toco minha mãe. É algo que me foi passado no parto, o ódio dela por me parir, que até hoje me foi transferido e, retornando, não consigo abraçá-la, cuido como obrigação que tenho por viver, existir e dever-lhe a vida, mas, afeto, o ódio ainda supera. Tomei a decisão mesmo de ir para um asilo, opção que já comuniquei à família e ao namorado, para quando ele não puder e não conseguir mais cuidar de mim, me encaminhar, pois exijo não dar trabalho para filhos, vez que sinto que me julgam hoje que ainda sirvo para alguma coisa e que estou na ativa, imagine quando tiverem suas obrigações.

Suspendi luxos, presentes, honrarias e vou guardar para ser cuidada com o mínimo de dignidade dentro da minha casa e na impossibilidade, em um asilo, mesmo ciente de como alguns são tratados, mas não quero submeter meus filhos a esse cuidado.

Eu sentia o prazer da minha mãe, repulsa, quando eu a higienizava na vagina e ela se sentia superior, por me ver naquela situação, exigindo que eu o fizesse. Foram tantos constrangimentos que feriram de tal forma minha vida, que preciso desabafar, aqui, mesmo que depois eu jogue tudo isso fora, uma vez que não serviria para ninguém, menos ainda para um profissional da psicologia que, finda a sessão, sequer lembraria do meu nome e da minha causa.

Um ódio que estou sentindo hoje é anormal, me perseguiu a noite toda, pois sei que agora, anos e anos terei que cuidar e ser submetida às ordens de outros que não cuidam, e dentro dos meus limites, ser flexível e subordinada, hoje, em especial, enquanto eu fazia uma mamografia, minha filha me questionou e me exigiu resposta para qual horário eu cuidaria (2 horas) por dia para a folga da enfermeira. Questiono eu: vou passar todas as noites acordada e no horário de um repouso, trabalhando 10-15 horas por dia, vou cobrir a folga da enfermeira. Vendo desta forma, onde mora o respeito e a dignidade? Não mora, está distante e não respondi, disse não ter resposta, não estar preparada para responder e assim o fiz, estou muda, infeliz, dramática e com vontade de largar tudo que construí, de abandonar tudo e todos, dívidas, recebimentos, pois cheguei ao ponto de recursar trabalho por falta (primeira vez na vida), por falta de equilíbrio psicológico.

Minha mãe precisa de tudo, ela merece como ser humano, mas o mínimo poderia ser dispensado a mim também. Todos tem pressa. Os jovens tem pressa. E, nesse sentido, tentei conversar com uma filha ontem à noite, ela tem 27 anos e eu esperava ser ouvida, mas só recebo lições de moral, tipo: trata seu psicológico, ceda, é assim, você tem a obrigação e assim foi, fui preparada para me casar, sofrer tudo, pois casamento era assim.

Estou infeliz, me vejo numa pedreira onde estou sentada em um dia nublado, com fome e esperando a morte como uma idosa que tem consciência de que tudo parou aqui, que nada mais tem sentido.

Minhas amigas dizem para eu ter forças, que vou superar, mas sinto uma dor tão tremenda, tanta amargura, que parece que o mundo e o inferno se prostraram no meu caminho para virar de cabeça para baixo minha realidade e transformar paz em inferno. Não sei se é pior minha mãe estar aqui e o inferno sobre minha cabeça ou ela morrendo aos poucos, dopada, e saber que estão se livrando dela para eu cuidar, sem dó, sem cor, sem sentimentos, sem limites.

Dói muito, meu coração está tão apertado, tanta insatisfação que não dou conta de escrever para um dia ouvir que me senti assim. Sinto-me envelhecida mais dez anos hoje, de ontem para hoje, pois a idade me pesa os dedos, as mãos, os braços, as pernas, me limita e parece que ninguém observa, contínuo sendo a "faz tudo", sem perguntarem como me sinto ou se posso [...].é uma forma de ordenar e calcular, sem peso nem medida.

Impor-se está me custando tão caro que estou a preferir acolher tudo calada para não manifestar minha tristeza, dó tanto, uma dor que cai ao chão como se meu cabelo estivesse aos pés, grisalho, e eu abandonada em uma montanha, inerte, sem mover-se, apenas recordando a vida e movendo o cérebro que ainda resta.

Impotência, luta, desistir. Eis a resposta, eu desisti, perdi as esperanças, parece que nada dá certo. Trabalhei, investi, eduquei, satisfiz desejos materiais e morais e me sinto lixo, lixo humano, totalmente lixo. Vejo os olhares que se demonstram insatisfeitos por eu não estar acolhendo o que mandam, necessitando da minha concordância total, pois tudo faz parte de uma agenda, e minha dor, minha causa, esta não necessita esta incluída.

Por esta e outras razões, tenho até medo do que vou decidir, pois pensei em ir para tão longe, pegar um emprego de vender lanche em praia, garçonete, qualquer coisa com o mínimo possível e deixar todos, ser eudemonista, pois não suporto tal situação.

Deus parece estar tão longe, mas não desisto de ouvir os salmos 91 na campanha que encerra 23 de dezembro. É uma proximidade e uma infelicidade, concomitantes, onde me pedem para esperar, aguardar, ouvir, sentir a presença de Deus, mas é tão forte o mal estar, algo que não criei, recebi no parto, uma sensação de rancor, de amargura, de revolta pela dor, que dor nenhuma foi nunca tão difícil de superar.

Para ter alcançado o status que onde descrevi, foi uma semana difícil, não superei os eventos dos últimos 7 dias. Uma inquilina notificou a data de saída 30 dias, certo. A partir da norma contratual, esta buscou reverte-se em benefício próprio, mandou retirar a eletricidade, a seguir, solicita limpeza da sala para trabalhar (controvérsias), tenho que manter o salto. Em face aos ajustes, busquei desfazer de algumas plantas pois estavam sofrendo o calor do ar condicionado, e negociando, restou prejuízo e tive que permanecer com elas e me ajustas. Uma cliente, após elogios ao meu trabalho, recusou-se a pagar o valor sob a alegação de "tenho que não devo a ti", o que pesa na honra do profissional que labora dignamente. Ainda, pressão psicológica, pois vivi profissionalmente sob pressão, prazos, mandes, restando resquícios de dores musculares, tensão de desgaste de trabalho, além da dificuldade em informar aos filhos (família) em geral, que não possuo condições de arcar com as previsões que buscam me submeter para envio de valores, pois as contas de energia elétrica já se encontram na fase de corte.

Não é possível dormir. O sono vem, mas o corpo físico e mental mantém as reservas do desgaste emocional e acordo sabendo que tenho dívidas, que os filhos precisam, que assumi um compromisso, que devo ao banco, que não tenho cartão de crédito e hoje, em especial, estou no meu último rolo de papel higiênico, com a lista de compras sob a mesa, pois, uma filha faz para mim compras, mas, no dia que recebemos juntas os proventos, esta me recorda as 6 da manhã para cumprir minha obrigação, como se necessário fosse (o que me levou a passar necessidades ante submeter-se).

No tocante às dores musculares, o corpo responde, sempre responde, mas, diante de fraquezas dos outros, prefiro dizer que me sinto orgulhosa de viver, ainda, da forma como estou, todavia, gosto da minha companhia, do meu mundo com o necessário e deixo, hoje, especificamente, de sonhar com uma casa, que até então morava no meu subconsciente de um dia ter uma casa adquirida com meu suor, pois o peso da herança me dó na alma, eu me arrepende de ter aceito, poderia ter construído uma vida em alheio, sem estar diante de tantas formas de inveja, rancor, dor, tumultos que não necessito mais me submeter.

Tenho a receber, mas hoje fiz cobranças e nenhum resultado. Minha lista de compras se assanha aos meus olhos, mas me acostumei em viver com o necessário e não ter a quem me queixar, pois gostaria de ser cuidada, mas, acredito que eu vá desistir também do companheiro, pois a cada dia percebo que vou viver para cuidar e que a minha fase de ser amada e cuidada durou apenas poucos meses (sic).

Choro e lamentações não adiantam, pois sequer sei porque vim, mas, sei quem sou e uma pessoa aqui, outro acolá me enxergam como sou, como “eu sou”, do verbo ser, restando o conjunto familiar me enxergando como a escória e assim decidi ser, para satisfação de todos, mesmo com dores, pois é menos um problema para discutir ou questionar, pois ser chamada de polêmica é algo infernal. Nem o demônio resiste a tamanha injúria, pois este possui armas e não usarei nada em meu favor, na minha defensiva e para minha honra, vez que só serei mais um, bem como não gostaria de ser enterrada e sim cremada, para não ver falsidades.

Acredito na fé, mas o mal está bem avante, o milagre vem sim, chega a qualquer momento é se faz necessário bem pouca coisa para me fazer feliz. Muito pouco, um abraço do meu amado, mas vou dispensá-lo e vamos chorar juntos, pois não teremos espaço diante da realidade de ser cuidadora oficial e cão de guarda.

Fui, em uma época, por decisão, já mencionado, a ter afastado o homem que eu amava, tudo pela “minha felicidade”. Hoje, peço a ele que se afaste pela felicidade dele. Saio poucas vezes de casa, somente ao mercado e consultas, nem na casa de filhos eu vou para não retirar-lhes a privacidade, e isso parece fazer bem a todos, pois me mantém sob a visão de que sou pobre e antissocial, por isso, posso estar sempre à disposição.

A disposição é culpa minha, pois eu cuidei de tudo e de todos, sem queixas, por noites a fio, sem juntar a ninguém para fazê-lo. Eu era forte e resistia a noites e noites sem dormir, hoje, o sono faz falta, mas o cérebro funciona em contínuo conhecimento. Separei meus filhos, desapeguei roupas, material de estudos, me afastei de um curso que gosto muito, bem como de um doutorado, tudo para viver para manter os filhos na faculdade. Está sobrando pouco da carcaça, embora a mente ainda consiga dirimir temas e construir assertivas de texto, tudo que não me dará uma casa digna, menos ainda que minha história atraia a quem quer que seja.

É bem cruel a forma de dizer, mas assim é que caminha a humanidade. Os estranhos não nos estranhos, mas os de casa nos tratam como não são tratados, sequer como gostam de ser indagados ou questionados, porém, se dirigem aos templos como verdadeiros ídolos para manter aparências, o que não questiono, pois me insiro no grupo que gosta de ouvir, pausar e agora, mais ainda, depois que decidi desistir de uma filha, o que ainda não percebeu, uma sensação de paz interior, de dever cumprido, pois fiz além das minhas forças como mãe nos limites toleráveis de minha força física e da minha ignorância.

Eu tive minha primeira filha as 23 anos. Foram tempos difíceis. Cuidava da casa, trabalhava em emprego público, já vendi jóias e fui notificada pela distribuidora através da minha mãe para se apresentar, vez que, ao se apresentar, vendendo de sol a sol, tinha a receber, o que não veio a ocorrer, devolvendo então à sarcástica distribuidora a luva com o estoque intacto, sob sorrisos desta e deboche de que "eu vendi pouco.

Tive uma confecção, e enquanto as funcionárias quebravam agulhas de propósito e debochavam da minha cara, eu dava minha cara à palmatória no sol vendendo, restando que, tive uma funcionária que me roubou e ainda ria às minhas custas, pois queriam mesmo me destruir, pois sou uma presa interessante. Sempre fui uma presa considerada fácil e interessante, todavia, infeliz, sempre infeliz e muito triste.

Tudo o que busquei foi dar o meu melhor, que hoje sei que nunca foi suficiente, nunca alcancei a honra de ser considerada orgulho pela família, pois acho que o brilho da minha estrela incomoda, quando o silêncio da estrela, agora, irá, sem brilho, tornar a vida de todos bem mais fácil.

Me recuso a terapias, pois as 92 apostilas de Freud, Laccan e Rogers me deram o doutorado sem títulos, um arsenal de mais de 9.000 páginas, além de 28 séries e filmes relacionados, retirados na essência do valor da vida e da alma. Freud além da alma mostra uma percepção, o que possuo e vejo que devo também deixar adormecer, pois incomoda e devo mentir para fazer com que as pessoa se sintam felizes e realizadas, bem melhor.

Não busquei brilho, ação ou aplausos, sequer gosto de nada disso, me assusta, gosto, entretanto, de estar com pessoas em rodas de conversa, em especial, com gente de verdade, gente que trabalha, que labuta, que vive de forma humilde sem ternos ou gravatas e que sobrevivem sem estrelas ou honrarias, mas que dignamente exercem seu papel na estrada da vida, escolhidos por opção ou por obrigação.

Reverto meu cenário: abro mão do sonho da minha casa, desisti de uma filha e para os demais, não delatarei mais minha dor ou alegria, o que acredito que dará a todos menos preocupações para comigo e satisfação por não ter a mim que se preocupar (incomodo), bem melhor de lidar com o mundo. Ainda restam alguns livros para ler e gostaria de parar de digitar trabalhos científicos, pedido que fiz a Deus que me abra portas para eu apenas escrever minhas memórias, para ler e reler o que fiz, pois alguns ó vão sabem quem eu sou, por memórias talvez em outras vidas ou séculos avante.

Me faz bem tratar aqui das minhas memórias, mas, gostaria mesmo hoje, de ser andante, viver nas ruas, ir mundo afora sem rumo, o que poderá ocorrer a qualquer momento, pois não suporto mais viver desta forma, cheguei a pensar na conveniência de todos no suicídio, mas é muito fútil, prefiro desparecer devagar, com o tempo, ir me ausentando até não fazer mais falta.

Cheguei a procurar local para morar e encontrei, dentro das minhas possibilidades, bordar, dormir, ver tv e esquecer notícias do mundo pela internet, apenas ficar sob minha companhia. Mesmo que essa decisão de deixar o amor da minha vida ainda seja só minha, sei que ele não vai entender, vamos sofrer, mas sou obrigada, pois não entendem que tenho direitos, apenas obrigações e ser castigada é uma honra, uma punição como agrado aos olhos e à alma, pois assim foi sempre, minha mãe se satisfaz quando me vê lascada, e ainda gosta de contar aos outros minhas desgraças, minhas perdas, meu sofrimento.

Acredito que bastam, e isolar-se em silêncio, assim como meu pai o fez é o melhor caminho. Meu pai nos últimos anos de vida se submeteu ao silêncio, não sei os motivos, mas isolou-se e pouco falava, deixou de querer viver e se dissolveu em uma noite que acredito saber que iria partir.

Escolhi alguns temas durante a viagem que vim com a enfermeira, de onde passei 10 dias e mudei o paradigma da vida da minha mãe, que hoje se encontra feliz por estar todos aos seus pés, menos aqueles a quem ela mais ajudou (sua família/irmãos e sobrinhos), que sequer telefonam para saber suas notícias.

Na saga da minha vida, os desafios chegaram ao cúmulo, onde, no sistema prisional, diante de corruptos, inserida como voluntária, para deboche da minha representatividade social, ministério que recebi em um sonho, um dos agentes do Estado colocou uma máquina fotográfica dentro do vaso e sai debochando como era minha vagina e em risos, mostravam a todos para detectar qual era a minha, o que, diante de processo administrativo honrei por estar no cargo e disse:"não acredito tenha sido por maldade, foi apenas uma brincadeira infantil ", sempre desistindo de lutar, pois teria sido morta assim como alguns presos foram, sendo encontrados mortos pelos próprios agentes, coincidentemente.

Ser escolhida por Deus é não renegar por estar, ser ou continuar. Em uma noite de domingo, quase desistindo, fui a um encontro evangélico, pois os evangélicos buscam muito por profecias, o que não mais acredito, sequer em carta de tarô, búzios ou premonições, talvez, as do meu neto, estas são de Deus. Lá estando, o pregador disse: esta oração faço em uma hora, mas hoje irei fazer em 5 minutos. Alguns sentirão dor, outros terão desmaios e outros loucos, não sentiram nada. Em estar em tratamento odontológico já mais de 2 anos com um dente, fiquei tranquila, pois ainda tenho muitas dúvidas, pois da realidade entre novo e antigo testamento, do retorno de Jesus e de fazer o bem vejo relações que não se confundem, existem. Ao acalmar as pessoas dizendo: gente, calma [...] percebi que fui jogada de vez por pessoas no palco . Eu conversava em os flashs de luz se moviam e me deixavam cega...eu brlhava na boca com ouro e até hoje possuo um dente de material brilhante que nenhum protético pode detectar, sendo considerado ofir.

Um peso carregar este dente, ministério, missões e profecias vão e vem dentro de um contexto onde tudo parece não fluir. Ontem o eletricista me disse: "a senhora não precisa ser empresária, precisa descansar", quando respondi: "já estou sem forças, mas preciso estar aqui". Os choques de ter construído tudo, ter feito o possível, ter abdicado vontades e desejos, me dão uma sensação de mais dor e tristeza, pois vejo que nada disso ainda alegra os filhos e a família, pois estes se demonstram frios e distantes, como se eu fosse uma múmia que incomoda.

Vou parar de incomodar, assim como cumpri o meu ministério, abandonei após não ter mais forças físicas e deixei que se engolissem na própria lascívia de crimes, corrupção, pois nada contra o sistema carcerário, pois, não existe interesse de uma mudança de paradigma.

Neste exato momento (13:09h), meu desejo é estar sozinha em algum lugar, com o necessário, que caiba em uma mochila, distante, bem distante de todos, num percurso como Santiago em busca de si mesmo, sem medo nem saudade de nada, sem necessidade de nada além de mim, o que pretendo fazer em breve, sem deixar endereço, apenas me despedir e sem deixar endereço, pois não vou deixar saudade, vez que o que percebe de sentimento por mim é apenas ódio e obrigações como filha, como mãe, apenas um ser humano que não pode passar de uma submissa por ser sem esposo e não ter quem lhe proteger. Infelizmente é uma sensação.

Nunca havia pensado que seria tão fácil passar imperceptível, mas consegui e sei que vai ser bom. Vou fazer voto de silêncio, sair de alguns grupos sociais e me preparar para um repouso longe, bem longe de olofots, de vozes que me incomodam e vou me submeter a qualquer tipo de humilhação em silêncio, pois minha voz incomoda, não devo me defender.

Desde a infância fui aconselhada desde que me roubaram meu balão amarelo a perdoar, ficar quieta e deixar que fizessem comigo o que queriam fazer [...] eu teria sofrido menor se já tivesse alcançado esta sabedoria.

Amanheceu.

Após tantos pensamentos, até de morte, em ontem, recebi do espírito santo respostas às provocações do inimigo, pois eu o desafiei, vez que há algum tempo eu buscava uma resposta para os desastres da minha filha mais velha: não engravidar, insucessos e assim, o inimigo me atacou e aceitei o desafio e meu corpo ficou tomado em posse durante um dia todo, quando me mostrou Deus, que, inconscientemente, uma pessoa, que tinha interesse em meu genro como esposo, deseja mal ao casal.

Em uma conversa de 5 minutos, descrevi a ele todo o ocorrido, e mais tarde, Deus me mostrou que os casal estava saindo do tempo onde esta pessoa tem liderança quase absoluta, para congregarem em outro templo e ter uma saga nova de vida.

E, olhando para o corpo da minha mãe, o meu interior foi bem mais forte, ódio desapareceu e veio o que em mim foi enxergado pelo meu namorado, "a pessoa que vive em mim". Fui compadescente daquele corpo, cuidei, passei uma noite dormindo (parte em um sofá minúsculo de 2 lugares, parte em um edredom no chão, parte em uma cama fétida de urina em um quarto no calor. Dormi acredito uma ora e meia, mas, ao acordar, tive a resposta para a minha filha, que perdurei por mais de 24 horas para entregar, e, que, mesmo diante de pressão, aprendi, no silêncio proposto, a buscar sabedoria.

Disse assim: Muita pressão, mas, vou ser clara, hoje: não tenho forças para dormir com ela e mais duas horas durante o dia. Abro mão do plano de saúde, eu pago e vcs.contratem alguém nos meus dias. Pedi discernimento a Deus e recebi sabedoria: "eu pago o plano de saúde para ela, há uns 6 meses estão me devolvendo o valor. Vou abrir mão do valor para cobrir os meus dias que eu iria dormir com ela, paguem alguém...não tenho força física.

Se bem recordam, não sabem o que é passar as noites e claro e não ter duas horas no dia seguinte para repousa, foram anos cuidando dela e vocês nunca souberam o que é sequer uma noite sem dormir. Foram anos e anos.

Agora, envelheci e não tenho mais a estrutura ou seja, não tenho forças que talvez pensem que eu tenho. Uma noite sem dormir para mim é não conseguir estar bem o dia todo.

Só tem uma previsão de retorno da unimed, podem pedir o cancelamento no banco ou eu devolvo e contratem alguém.

Consigo ir aos sábados e véspera de feriado, pois assim repouso no dia seguinte.

Assumi o compromisso de bancar a faculdade dos meninos e sem raciocínio isso não vai ser possível.

Conto com a compreensão de todos.

Do mais, fico disponível para acompanhar durante o dia em tudo que for necessário: alimentação, levo a médicos, controle da casa, limpeza, etc., caso queiram que eu faça e considerem ser bom.

Não me incomodo com a resposta e os chiliques, pois, o posicionamento de um cristão verdadeiro e limitar-se ao possível e assumir somente o peso daquilo que consegue carregar.

Uma colega, em viagem para o curso de mestrado me disse, vendo-me cheia de mágicas para compor as malas: "só levo o que consigo carregar". Nas idas e vindas da vida, um eterno aprendiz se posiciona.

E, hoje vou descrever o que, talvez foi ódio, que existe sim, dentro de mim, uma pessoa sem rancores, mas desafiadora, e as sagas de satanás não me apavoram, e sim me fazer estar cada vez mais forte.

Enfrentei o mundo e desafios da carne para estar viva, e agora, meus ossos se encontram fracos, preciso caminhar e viver com qualidade de vida um pouco, para não dar trabalho no futuro. Mesmo ciente de que vou para um asilo, percebo a diferença, ontem mesmo, pois quando se encontram não faço parte do grupo de conversa, sequer olham para mim, me excluem, e isso é muito ruim, daí a opção de ficar sozinha, infelizmente, envelheci e preciso procurar minha turma.

Caso meu casamento não ocorra, penso em montar uma moradia e convidar amigas idosas para dividir e montarmos o que se denomina condomínio de idosas dentro de um só contexto, com qualidade e necessidades básicas, senão, o asilo, mesmo sabendo de como lá vivem os idosos, abandonados e fracos.

Minha vizinha é idosa e está fraca, porém, não entendo o assédio, pelo buraco da maldade vejo mais abutres em cima do espolio, que deixará todos bem assentado; muito triste, mas, pode ser maldade. Sempre foram carinhosos e observo que todo o clã se volta para o sofrimento, delonga de dias e uma severa atenção.

Entre gregos e troianos, existe dinheiro suficiente para manter toda a pouca estrutura de uma pessoa idosa, e o valor referente ao plano não significa abandono, mas, sim, uma habilidade que não possuo, que é a força física para dar banho, medir pressão arterial, aplicar soro, conduzir para caminhar, pois um dos braços está comprometido e não posso pegar peso, além de 2 hérnias de disco. Os limites, só que os possui sabe identificar, assim, retorno que, a lista de mercado está pendente e ninguém observou minha geladeira vazia, preciso de trabalho.

Quanto aos planos de Deus, existem sim, e estou no aguardo, mas, o corpo reclama, a vontade de comer baycon com cuscuz pela manhã e não tem [...], e nã tenho a quem pedir ou queixar-se, mesmo sabendo que a botija de azeite de quem criei e sustentei, tirei da minha boca encontra-se com estragos, sobras aos porcos, mantenho a postura de dignidade em viver com o necessário.

Não estou me queixando, Deus foi altamente generoso comigo, mas o mercado imobiliário está fraco, além do mercado profissional. Era para eu estar agora gozando de alugueres, mas os inquilinos faltaram e só muita oração e jejum, que irei começar em campanha, me retornará e possibilitará estar forte e vencedora.

Meu veículo está prestes à 3 parcela vencida, são aproximadamente 30 ligações de cobrança/dia, e isso me tira do chão, pois gosto e sempre gostei de honra, da palavra, da verdade, porém, não divido com ninguém minha dor, daí “eu sou", para não esquecer quem sou eu se o Alzheimer ou Parkinson invadir meu cérebro e me retirar anos de memórias.

A quem quer que seja, num boteco de café, podem ler e contar, vou gostar de saber quem fui e como vivi, me defendi, até o dia que optei por um silêncio onde percebi que incomodo e sou a escória, que meus assuntos não interessam a mais ninguém, opção em fingir viagem para me retirar até mesmo das festas a partir de agora, pois já o vinha fazendo, todavia, bem escondida, agora vou assumir minha insatisfação e vou me retirar de vez.

Aos 59 anos sentindo o peso da velhice antes de, conforme a legislação vigente, ser idosa é bem forte, mas humilhante e sou a culpada, pois dei demais a todos eles, cuidei demais e soltei para voarem, daí esqueceram que possuo necessidades de afeto e sentimentos que podem precisar de um abraço, de um afago, de um gesto de respeito e carinho, por pequeno que seja. Ouço planos, que vão ali e acolá, mas nunca fui incluída, sequer para comer um pastel, comemoram entre os casais e acreditam que eu seja tão forte que não sinta dor, que não tenha me desgastado com o tempo, estranho, pois também precisam se preparar, pois a velhice me alcançou cedo por lutas e batalhas, e pode alcançar qualquer um outro com limitações.

Por mais que se tente explicar, a compreensão acerca dos limites de um ser humano de 59 anos que labora por 18 horas diárias mentalmente, tecnicamente, como professora, recepcionista, cuidadora de recepção para crianças, busca-se retirar dos meus limites "além do que se pode", todavia, não vou mudar de opinião, pois não vão mais de fazer de boneca da corte para ser suporte aos que "se acham melhores" ou que "não podem". Se precisa ser solidário, que seja dentro da possibilidade e condição, eis que até mesmo nos limites intoleráveis, pessoas são respeitadas.

Vejo meus ombros cansados e as forças das pessoas aos limites, mas, não fraquejarei, mesmo que volte ao status de, desafiada, ser fria e calculista, pois, já acusei alguém de ser assim, hoje peço desculpas, pois vi que, acusar alguém de limites é não compreender a história de cada um. A sogra da minha filha, depois de laborar com ela como doméstica por 7 anos, disse não suportar mais para algumas atividades, até então o que entendeu a filha que era 'frescura", todavia, cada um conhece sua história física e mental e seus próprios limites, onde quero chegar, que as forças não acompanham o ritmo mental.

Dizer para alguém "você entendeu sim" é bem distante do que se planeja ou se propõe, todavia, é muito raro compreender o que ser humano é capaz de julgar os limites da outra pessoa. É inadmissível tomar-se partido da dor do outro, o que me reporta aos trabalhadores com aposentadoria compulsória, com limites em esforço repetitivo, tudo dentro de profissionais da previdência contratados apenas para "padrão" de respostas, negando direitos a pessoas que se limitam, depois de anos de trabalho, a continuar em atividades paralelas, humilhados denominado readaptação, tudo dentro de um cronograma de "imprestável".

Incrível a responsabilização sobrepor sobre um membro da família por entender tratar-se de obrigação. Nesse interim, um neto, que, chegado para minha casa, não medi esforços para moldar e retirar de uma zona de conforto e leva-lo à conclusão de curso superior. Ocorre que, o perfil era generoso quando precisava e austero e arrogante quando lhe convinha, pois prezada os "amigos", e conclui minha missão em leva-lo ao banco da universidade e uma especialização. Após a conclusão de curso, se percebia que estávamos nos preparando para comprar um lanche ou uma pizza, saia em desespero para não ajudar a família em nada. Ocorre que, por ser imortal o ódio a mim, que aceitei a incumbência de leva-lo à graduação, ainda o conduzi a uma especialização fora do estado onde residíamos, mas, mesmo assim, ciente o pai, este permanecia no excesso de álcool e de maconha, se outros, não tive conhecimento.

Quando o usuário de drogas se envolve, perde noção de perigo, o que foi a situação, pois ele começou a usar e vender, e também, envolveu meu filho, uma resposta de dedicação e afeto. E, após ter notificado o pai, e este ter reagido, desapareceu e disse ter ódio mortal de mim, ódio que permanece até hoje, e, mesmo sabendo da condição da avó, sequer telefona ou dá atenção, uma constância de plantio que só saberá quando a colheita chegar, como solucionar.

Na solução e questionamentos, uma divergência entre mandar e receber ordens, a educação dos filhos nos impõe a ceder ou descer. O que aconteceu comigo foi descer: fazer tudo e não me posicionar como mãe e pessoa de direitos, estar sempre pronta e ser criticada de cabeça baixa. O fato de estar sem um companheiro me trouxe realmente fraquezas e eu buscava dar aos filhos além das minhas forças como uma forma de compensação, pena que não entenderam que era apenas amor. A dor é forte ao tratar do tema, pois parece ao olhar distante, tratar-se de uma relação mal resolvida, mas, sim, é uma posse que não existe e que percebi há pouco, que não "preciso nem necessito" me submeter. Ao contrário de outras gerações, a minha geração foi simples, sem muitas imposições, naturalmente, e as imposições foram sob pressão a que me submeti, infelizmente, me trouxeram rancor, mágoas e reservas, a que busco me deslocar. Observo uma caminhada na rua, de tênis preto, roupa simples, livre, naturalmente, consistente em estar de bem com a vida e não se preocupar com o que falam ou pensam, em especial, sobre julgamentos ou opiniões. Isso que denomino constância, firma, eficácia dos meios, que, durante todo o tempo "foi Deus".

Conhecer Deus é algo forte e tremendo, não é para qualquer pessoa. Uma relação com o espírito santo de Deus quebra barreira e mostra caminhos, mas também, te coloca em navalhas de fogo (imagens), onde você precisa caminhar por um vale, certa de que está sob proteção dos anjos e que se houver queimaduras, cortes, tudo vai cicatrizar e se fazer novo, como aprendizado e vida nova.

O céu se desmancha, o universo conspira e dentro de um mesmo seio, a família se distancia e eu busco um caminho novo, uma razão para galgar sem deixar marcas ruins, pois me recuso a fazer parte de qualquer coisa que deixe marcas, registros ou modelos, tendências ou apegos além dos únicos a que faço falta e faço bem, dando coisas boas. Ao restante ou aos demais, que a vida siga seu rumo.

Entre o bem e o mau, o céu e o inferno, vejo em 3d dois lados da vida (até 59) e após 59...um percurso de decisões, conquistas, embaraços, travessias, pronto a se desabrochar em uma segurança, uma necessidade de ajustar a si mesma dentro de um universo bem controvertido às próprias razões. Sinto frio, muito frio e medo, um vento forte que parece carregar meus cabelos, que ora deixei naturais, chegando os brancos, encaracolando aos poucos, tudo dentro de um limite de necessidade de alcançar a naturalidade, vez que as performances de Botox não me atraem e fogem totalmente ao que denomina higienização da mulher e cuidados pessoais.

São opções.

Nas opções, tenho a minha de não comer sal e me limitar o mínimo a doces, apenas uma bala de café aqui e acolá, dentro da rotina diária, controlando a ansiedade para nunca além do necessário e sobreposta a uma razão e entendimento do que é bom e do que é ruim ao corpo, que diversifica a cada nova faxina anual de exames, ou seja, uma bateria que descarrega a cada novo ano.

Acordei, muito mal, uma sensação de pressão, perca, impotência. A cada dia sinto meu trabalho enfraquecendo, como se eu tivesse um mercadinho e ao lado fosse construído um atacadão, onde e quando todo o meu conhecimento parece distante, longe de ser reconhecido.

Tenho pedido muito a Deus por sabedoria, mas não é suficiente nunca, pois meus filhos me exigem posicionamento, preenchimento de lacunas, onde não sobra tempo para um café, um banho, sendo que a situação está além das forças, já não comporta mais força de pessoa simples, necessita de habilitação, como tudo que se apresenta.

Já vivi tantas coisas, mas hoje chorei de dor, de ver que não alcançam o óbvio, que já não existe mais força, que tudo está próximo e distante da realidade, da verdade, do infinito, do natural e impossível. Minha mãe não tem forças, e não sou enfermeira ou médica, ou sequer técnica, sou escrevedora ...técnica na escrita e nada mais...sou um ser humano que parece que não compreendem.

Uma visita aqui e acolá é bem bonitinho, mas passar a cuidar de uma pessoa sem habilitação é estar-se diante de um burnout contínuo, que se apresenta já, agora, aqui.

Senti a perda das forças, fiz pedido a Deus, clamei por misericórdia e socorro, só não sei de onde virá o meu socorro, de algum lugar ou de alguém, de onde e quando não posso imaginar. Diante de pressão, não funciono, e sobra-me pouco, pois construí meu mundinho muito simples e dentro de um padrão de simplicidade pretendia permanecer, todavia, não escrevi meu livro da vida, nasci com ele escrito e assim tenho que galgar.

Na assertiva de certo ou errado, sobremaneira resta tão pouco, pois me afasto cada dia mais do que acham certo e necessário, vez que sempre ou nem sempre consigo dar o retorno que buscam, parece que minha linguagem ou o som da minha voz não é ouvido, está isolado para não ser ouvido, tipo, "não vale a pena".

Ao conjunto de saberes, tenho sobrevivido de forma pura e dinâmica, mas, dentro de um padrão de possibilidades, dando aos filhos três linhas telefônicas, pois nunca tiveram tempo de controlar, pois sempre paguei tudo. Um plano de saúde do pai dos meus filhos de âmbito nacional para quem reside em uma das melhores cidades do Brasil. Há que se comunicar em um só padrão de linguagem e escrita, pois o padrão que estão vivendo foge à razão, às forças, a tudo e a todos os instrumentos que porventura possam ser assimilados dentro de uma só falácia.

Na dor, a impotência, não só financeira, em tudo, onde o entendimento acerca do óbvio, da razão, passa por dificuldades, pois acreditam que "tudo é possível", não enxergam que a vida vai rápido assim como chega, declarada por um sopro no parto. (vejo um bebê nascendo e técnicos e juristas, peritos constatando se nasceu com vida, se respeitou) para herdar, pois se não respirar, não houve nascimento com vida e assim se declara também a morte, por um perito ou alguém que a comprove.

Hoje é um sábado bem calmo. O coração frio e triste, preocupações financeiras e arredia com relação ao silêncio: medo de falar, de dizer o que penso, de dar minha opinião. Dois dias atrás questionaram a medida de uma porta, e como possuo um imóvel construído dentro das normas da arquitetura, respondi. Tive que, obrigaram a uma outra pessoa pegar a fita métrica e comprovar, quando me senti inútil, sem valor, daí passando a manter meu voto de silêncio, pela misericórdia de Deus, por uma questão de sobrevivência.

Hoje, especificamente, tomei uma decisão drástica, severa, rigorosa, um "não" bem claro a uma pessoa que quer visitar minha mãe, quando na verdade não é afeto, é uma fonte de fofoca, de passar pra frente a informação, haja vista nunca ter vindo à minha casa, quando optei e mantive a palavra: Na minha casa minha mãe não vai receber visitas, é uma opção minha, uma vez que estamos na terceira fase de pandemia, ela encontra-se em fase de adaptação à quimioterapia e a pessoa que solicita visita é alheia a tudo que é ético, sabe da vida de todos e ama ter o que divulgar para sentir-se ouvida. Não gosto de compartilhar o seio da minha morada com quem quer que seja, pois isso não me faz bem.

A minha intimidade é muito importante, e assim me relaciono com o mundo, pois "acampo" em uma quitinete aberta, onde posso ser surpreendida a qualquer momento se alheios ao bem tiverem conhecimento da minha vida no local onde me encontro, sem vizinhos, nos fundos de um prédio onde minha voz não será alcançada.

Meus braços doem muito, muita dor, os medicamentos já não comportam mais sedar as dores e, não sei o que pedir e clamar a Deus, pois necessito dar continuidade às minhas atividades e agradeço a Deus por tê-las para manter-me no mínimo necessário. Hoje vou comer feijão e arroz, com muita fome, e a listinha de compras está aqui, por aqui, sem saldo na conta nem perspectivas próximas de quitar, além do possível, compromissos já realizados.

Aguardo a misericórdia de Deus para que chegue algum trabalho e eu possa diminuir débitos, mesmo tendo deixado de quitar cartões de crédito, etc., para conseguir manter a faxineira e a conta de luz da empresa, sendo humilhada pelo ex-exposo para dar conta de produzir e proporcionar a ele e aos filhos o necessário à qualidade de vida que mantêm.

Sempre fui eu: "eu sou quem fez tudo errado" tentando acertar, quem disse conseguir e hoje nego as promessas pela falta de fé, de esperança.

Vi que faltam alguns dias para o natal, nascimento de Jesus e minhas forças se tornam cada vez mais fracas, onde só tenho vontade de que chegue a noite para ir ao repouso (encolhida e com medo de amanhecer o dia e ouvir o toque ou mensagens do telefone).

No amor, uma relação insegura (hoje senti insegura), fui tomada por um medo após ter conversado com uma amiga. Decidimos por uma relação de casal em moradias diversas, cada um com sua família, fidelidade, respeito e sexo, com encontros esporádicos, quando possível, sem a perspectiva de sair em público, uma vez que a filha não aceita o pai com pessoa além dela e de suas próprias convicções, mesmo estando fora da convicção dos pais (a mãe foi a óbito) e a filha disse estar tratando para ver se autoriza o pai a ter uma nova pessoa, daí o pai, em respeito à gravidez da filha, ao nascimento e resguardo, amanhã outro motivo qualquer, a manter o que denominamos "relação matrimonial" dentro de um sigilo, às escusas do mundo, para satisfação de uma pessoa, que dia desses, se o nosso amor suportar, irá amadurecer.

Jamais imaginei merecer um príncipe, mas disse que gostaria de estar com alguém que tivesse pelo menos uma casa para me oferecer. Hoje, me vejo apenas aqui, limitada, com pouquíssimas guarnições na moradia, apenas com muito nojo, nojo das camas cheias de urina de remédios, fedor insuportável, a casa fede urina, os lençóis tem de ser lavados por duas a três vezes por dia e tudo parece ser falso, pois, mesmo estando-se diante de conhecimento, o bipolar sabe o que é certo e o que é errado, mas provoca, se satisfaz com seu lado perverso ao maltrato a quem enxerga como alvo frágil em sua sagaz violência psicológica.

O bipolar tem em seu alvo pessoas escolhidas para sua vitimização e sua sagaz perversidade, pois, dentro do mesmo cérebro, também são selecionados os preferidos e preteridos. É algo que somente quem convive sabe entender. Uma pessoa bipolar (bem demonstrada em condutas diversas), se satisfaz de forma perversa e ao mesmo tempo vai à igreja, comunga, se confessa e se apresenta a algumas pessoas como bondosa, generosa, amistosa, amigável, influente e bondosa, imagem de difícil diagnóstico, pois ao olhar dos "outros", tem-se a impressão que a vítima é realmente a pessoa descrita pelo bipolar (descrever em ações condutas do bipolar é estar-se diante de uma perversidade cujos danos às vítimas vão da depressão ao desespero, tudo com 'd", de diagnóstico visível como obesidade, revolta, dor, angústia, sofrimento, até que se comprove que vale a pena ignorar e seguir em frente.

Para seguir em frente, você desiste por diversas vezes, pois passa a encontrar obstáculos em tudo e em todos, dentro de um seguimento de medo, onde tudo parece também te perseguir. É necessário segurança no outro, muita, para superar o medo de ser mais uma vez uma vítima de perversidade.

Como mencionei, fui descrevendo em capítulos temáticos e hoje vou falar das minhas buscas pelo conhecimento, entre estas, as pós-graduações e uma delas, em especial, fui abominada, meu tema não atraiu ninguém. Comprei uma saia longa marrom, uma camisa bonita, mas meu banner não recebeu visitas. E, dias após, paguei a um colega para colocar todas as minhas habilitações na *lattes* e, por acaso, uma editora de Portugal entrou em contato com convite para publicar um ebook, o que gerou uma verdadeira mudança na minha vida, apenas por alguns segundos, pois já se passou um ano e até a presente data acredito não ter vendido nenhum exemplar, o que não seria ruim, vésperas de natal eu poder ir ao supermercados, já que não tenho perspectivas para esse objetivo, a botija de azeite esta vazia, e hoje vou almoçar grãos, só os que me restam no armário bem magro, farinha de mandioca e alguns grãos. Eu até fazia uma feirinha, mas não estou dando conta, sequer para pagar o valor de uma faxineira na semana que vem para meus filhos. Meu décimo terceiro vou pagar dia 15 de dezembro, vai todo para quitar o decimo terceiro e salário de dezembro da faxineira, não vai sobrar para as compras mínimas. Nem o pão integral que eu comprava por semana está dando para comer, tenho comido pão adormecido à noite que meus filhos deixam quando vem aqui em casa.

Minha filha ocupa uma das salas que tenho para locação, e me informou que em dezembro e janeiro não pagará aluguel, já que não irá trabalhar, é o valor 400,00 que eu faço mercado para o mês. O que dá, certo, o que falta, convivo.

As noites continuam cansativas, mas, a angústia acerca do coração duro ainda perseveram. Ontem minha filhas começaram a perceber o sarcasmo da minha mãe, alegando que "almoçou uma tropa aqui" no dia anterior. Não percebeu ela que vieram, trouxeram os alimentos e buscaram promover companhia e cuidados o dia todo. Deram 2 banhos, carinho, afeto, higienização, lavei toda a roupa e as contas dela estão todas em controle para conferência posterior. Disseram não mais querer comer da comida dela, da casa dela, pois são livres e podem pagar sua própria comida, o que já fiz há muito tempo e fui crucificada e taxada por egoísta e antissocial.

As coisas às vezes demoram a acontecer, todavia, mais dia menos dia percebemos que vivemos juntos ao inimigo e não nos damos conta. Um dia de cada vez, percalços e severidade. Para ela, só as coisas que não estão conforme seu desejo ou conforto absoluto são consideradas, nestas, três horas de falta de luz por um acidente, as demais coisas boas "são obrigação" do universo a seu favor. Todos aos seus pés, lhe servindo e dando-lhe o que não plantou.

Para começar, um dia nebuloso. Sonhei com fezes humanas, para alguns, sonho ruim., para outros, bonança. E, recebi da minha filha um pequeno aluguel, que já mandei para a outra, mesmo estando diante há duas semanas de macarrão e farofa de ovos, pois as carnes se misturaram e não quero ser acusada de estar comendo a sua botija de azeito. Somente uma mãe pobre que determina formar dois filhos na faculdade de medicina sabe contar o que é comer farofa de ovos por duas semanas ou macarrão puro com sal e açafrão. Somente algumas sabem o que é isso e conseguem sobreviver. Ninguém precisa saber não se tem a obrigação de dar satisfações, mas também não é fácil. Percebi que minhas pernas estão fracas, doloridas e isso é devido à má alimentação, mas logo tudo isso vai amenizar.

Em esta semana abaterei alguns compromissos com o pouco salário que me é creditado e isso me faz bem. Poderia ter sido diferente, mas comprometi o salário para manter a faculdade dos filhos, renovando a renovação cada vez mais em prol de estarem os filhos alcançando seus objetivos.

Não culpo o universo, nem culpo a doença bipolar, nem o caráter, pois cada um terá resposta a todas as suas condutas e assim por diante. Tive um dejavu, onde minha mãe me ofertava dinheiro e eu recusava, pois assim farei se ocorrer, pois não estou à venda e ela já procedeu assim por diversas vezes e desta vez, caso ocorra, vou dizer a ela para guardar pois precisa mais do que eu, mesmo estando no fundo do poço, pois se eu morrer ela terá um a menos para seus cuidados.

É hora de um ponto de partida, de um acordar diante da realidade que se aproxima, de um sentimento de acreditar em um mundo melhor. Hoje, especialmente, já não tenho trabalhos para fazer, vou assistir a um filme e amanhã iniciarei à revisão de um trabalho que já se encontra perdurado e em seguimento que não tenho direito compreensão do que se trata...é verossímel, pois se demonstra tão confuso e ao mesmo tempo cabeça tranquila.

Não dormir já várias noites é cansativo, mas me parece não ter alternativa, não estar apta para tanta humilhação do universo, pois assim entendo, uma vez que a pessoa não se preparou para a velhice como muitos outros, acreditava que podia tudo, que todos estavam aos seus pés, diferentemente da realidade, pois "eu quero", vai ser "assim", exigindo tudo ao ponto de ter o pior de cada um ao seu redor.

É uma resposta a condutas da juventude, da maturidade que afastam as pessoas, juntamente com resquícios de doenças que não são diagnosticadas ou tratadas como é o caso da depressão, ansiedade, compulsividade, bipolaridade, entre outras reservas mentais com ou não decorrentes de causas contributivas como é o álcool, drogas e psicotrópicos.

A procura por profissionais da saúde mental decorre, também, de fatores relevantes como é o caso de aceitação da família e admissibilidade de estar o paciente com respostas físicas decorrentes de fatores psicológicos.

A tendência à necessidade de psiquiatra e psicofármacos é uma compreensão madura e consciente, pois algumas famílias não admitem que o parente, o dependente, o filho, carecem de analisar a dor e o sofrimento do outro, pois suas condutas podem ser de sofrimento ao outro, a si próprio, de vulnerabilidade, além de ocasionar danos a terceiros com sua saga de insatisfação própria, que contamina, fere e leva a danos afetivos, profissionais, entre outros, alguns de difícil reparação.

Lidar com a bipolaridade é estar sempre oscilando, todavia, após compreensão de que é uma doença e que o tratamento nada tem a ver com o caráter, tudo fica mais fácil para quem consegue separar a doença do ser humano, eleger o que é prioridade e relevar as crises dentro de um cronograma onde não se pode perder o valor dos envolvidos, pois tudo leva a sofrimento (burnout) do cuidador, devendo, em casos de difícil compreensão, terceirizar, ou seja, nomear e contratar cuidadores (terceiros) para evitar sofrimento e angústias, que podem deixar uma parte satisfeita por aguçar sua saga e a outra parte em uma tristeza profunda, sem consolo, pois o afetamento leva à sua honra, sua dignidade, haja vista que o caráter influi na tomada de decisões do bipolar, afetando diretamente a honra do outro, e isso lhe faz bem.

A noite foi longa. Mesmo tomando dois comprimidos durante o dia para ansiedade e pressão emocional que me levam à falta de ar, diminuindo minha possibilidade de caminhar (preciso de uma esteira para ir exercitando em casa aos poucos até alcançar um pico maior, medo de passar mal na rua).

Tive contato com meu diretor de mestrado, trocamos diálogos sobre violência, mas, sinto que o conhecimento para alguns é o êxito financeiro e o status, divergente da minha história que busca prevenir, demonstrar que obesidade é resposta de perversidade de mentes insanas que “esquecem”, “não lembram” e que, dia ou outro, passam a ser vistas apenas como pessoas “do seu jeito”, pois a essência da vida, o sorriso puro não existem.

O violentador vive em sua própria mente com suas fugas, entre estas, o cigarro, o baralho, entre outros, gosta de caçar e se limita a pouca leitura, sexo normal com a esposa, não se incomodando com o charme desta, seu corpo bonito, pois sua atração é além dos limites de suas forças, é o “alvo” que o satisfaz.

Estive em vários regimes, controle alimentar, tratamento com fármacos e o corpo ia e vinha em efeito sanfona, até que, certo dia, no doutorado, conheci uma especialista em obesidade e daí, no retorno, havia uma culpa interior de ter tido meus seios tocados, e minha avó sempre dizia, que a honra de uma mulher estava nos seios. O toque dos seios pelo homem que “disse” me amar, eram abusivos e moveu todos meus hormônios, eram próximos de uma amamentação, quando até meu útero aumentou de volume e “disseram a nós” que haviam rumores de que eu estaria grávida, mesmo sem sexo.

Este “ex”, quebrou sonhos, pois realmente gostava de mim, pela beleza e pela aventura, pois sua saga era satisfazer seu ego de “pegar” e “ter posse” para ousar, e assim ocorreu: “me acordou as 6 da manhã em um certo dia, disse que estava saindo de um baile, mas que queria me levar para a chácara de sua mãe.

Fomos.

No caminho, ele parou em uma privada sórdida, nojenta, de madeira, abandonada, com fezes no chão e tentou fazer sexo comigo naquele lugar, onde passei a ter nojo de mim, pois meu sonho era se casar de noiva, o que já sabia que não iria acontecer, pois já havia uma marca.

E, mesmo assim, para este foi um dia normal como os outros, começando a se afastar de mim, o que soube mais tarde ter sido assunto de vantagem para com os amigos tipo "eu peguei".

A fraqueza do ser humano paira em diversão e vaidade, luxo que lhe custou muito caro, a própria vida cuidou de responsabilizá-lo por suas ações, para comigo e tantas outras meninas a quem procedeu assim, cumprindo um preço infeliz, o que não me agrada, pois não me fez bem ver tanto sofrimento, mas não compartilhei com a dor, que não me fez bem nem mau.

Pouco tempo antes do óbito de um membro de sua família, pedi a Deus que cuidasse de sua família, pois eu queria esquecer pessoa por pessoa.

Hoje, diante da medicina, estou com pelo além do aceitável, mas com qualidade de vida e em busca de menos calorias nos picos de ansiedade, eliminei até mesmo frutas, mas, busco qualidade de saúde para conseguir envelhecer e ter alguém para ler pra mim estas memórias quando a velhice não me proporcionar lembrar delas.

Em especial, tenho uma amiga também violentada na infância, obesa e que não teve as mesmas oportunidades de ler e acesso a profissionais da saúde mental. Hoje, em especial, ela chorou e me disse que agradece a Deus porque a criança morreu, ela tinha 11 anos. É triste como ela é cuidadora, protetora de todos, cuida e ajuda a todos como compensação e diminuição de um sofrimento que perdura pelos seus 50 anos, mas que ainda enchem seus olhos de lágrimas.

Atualmente ela cuida de um ex companheiro, com Alzheimer e chega a darlhe banho por 10 a 15 vezes por dia em suas crises de diarreia e mesmo assim, continua se envolvendo na proteção dos irmãos, de amigos, cuidadora com a sua própria dor, pois não pode amar seu próprio filho, mesmo vítima de uma violência.

O que se precisa entender, de uma vez por todas, é que o serial killer, violentador sexual é ad eternum, suas vítimas sofrem eternamente, diferente do que denominam serial até ser preso e julgado pelos atos. Os atos do violentador sexual perseguem as vítimas por toda sua vida.

Não é apenas o ato em si, a prisão, a imprensa, e logo é um caso a mais, os reflexos decorrentes de uma criança violentada ou um adulto deixam marcam que registram em sua mente uma infinidade de perdas, perdas que vão se amontoando e fazem da pessoa nunca ser normal, esta pode até fingir estar tudo bem, mas sua mente não consegue esconder... Daí falar-se em castração, não é a resposta, pois a castração não proporciona à vítima um tratamento que tire de seu cérebro imagens e dor que o persegue, sequer os psicofármacos, psicólogos, psiquiatras em sua sabedoria conseguem lhe erguer para o esquecimento, podem lhe ajudar na construção de uma nova vida, uma realidade que preencha seu vazio, mas a dor não passa, corrói, nem aumenta nem diminui, tem registro efetivo.

Eu quis ser criança, quis brincar de bonecas e conversar com elas, imitar as mães que cuidavam de seus filhos em meu instinto materno, mas o poder do mais forte sobre o mais fraco me perseguiu e na infância, meu pai e meu irmão enterravam minhas bonecas para eu não perder tempo e fazer o serviço, pois meu irmão começou sua arte de malandragem aos 10 anos e eu 8 anos, onde driblava meus pais sob a proteção da minha mãe, afinal, era o primogênito e tudo podia. Este ia para a cidade estudar, ia a cavalo, e levava dinheiro para encomendas, voltava sem as encomendas e nada acontecia. E, todos abaixavam a cabeça, pois era normal o primogênito falar alto.

No contexto, o falar alto perdurou por muito tempo, onde chegou ao limite de, por ter ascensão financeira, peidar na mesa de refeição e todos se calar. Daí falar-se novamente em uma luta para vencer pelo próprio esforço e selecionar o que realmente importa ou vale a pena. Para mim, ausente é bem melhor, pois poder, arrogância e prepotência é seletivo clínico que vão da infância aos limites aceitáveis pelos pais até se ajustarem à sociedade e seu preço.

Eu gostava muito, e ainda gosto, de silêncio, não suporto música, muito pouco tv, apenas gosto de séries, fatos reais e leitura, o que move meus conhecimentos em busca de equivalência para me defender como posso em um mundo injusto.

Comentei aos 55 anos sobre estes fatos a duas colegas de trabalho, foi meu primeiro desabafo, pois minha mãe não acreditou e acho que outros também não acreditariam, exceto me primeiro convivente que entendeu como uma desonra, preço caro que paguei por uma atitude que não fui culpada, mas eu ainda sonhava com um casamento, conclui um enxoval lindo e ele ficou com tudo, até meus quadros de parede e minha coligação de discos de pink Floyd e Vinicius de Morais, o restante dos bens eu perdi e me fizeram falta, mas sei que lhe queima as mãos.

No primeiro relacionamento sexual com o convivente que tive duas filhas, ao descobrir que eu estava grávida, me obrigou a tomar “pílulas da vida do Dr.Rosso”, e quando descobri que o suco estava com esse medicamento, fui para a casa de uma amiga, liguei para um médico muito amigo (onde com Alzheimer) que me aconselhou a tomar agua morna com sal para vomitar, e assim, não perdi minha filha, que hoje é infértil, me trata como se eu fosse culpada da sua fraqueza física e não tme noção do que vivi, do que fui humilhada, do que lutei para manter esta gravidez, do que passei fome, comia feijão com farinha e cebola pois não tinha o que comer, e sobrevivi.

Um certo dia, cai na rua desmaiada ao pegar o ônibus, e ao chegar em casa pálida e toda arranhada, apanhei, culpada por me "arreganhar para mostrar calcinha para os outros". Eu ainda acreditava que tinha um esposo e uma casa, cuidava rigorosamente da limpeza, da comida e dos cuidados para receber o que poderia ser um companheiro no futuro, mas este vivia somente para a amante e se sentia feliz.

Aparecia em casa às vezes, em pausas, pois estava desempregado, era ladrão e até hospedou ladrões em minha casa, mas tudo isso foi vencido por uma força de viver, por coragem, por fé, perseverança e talvez, a coragem deum dia contar tudo o que me persegue para transmitir a muitas mulheres obesas, violentadas, que sua dor é uma dor serial, e que serial não é quem violenta, serial é a dor. A dor da violência quando levada a óbito destrói sonhos, expectativas, limites de prosseguimento na vida, e para o serial, "é apenas uma satisfação pós outra" até que seja inibido por pouco tempo encarcerado, mas sua mente não para com o encarceramento, ela necessita de uma adrenalina própria, uma forma de sentir o sofrimento do outro, de presenciar a dor, alcançando seu intento nas formas mais variadas que se apresentam.

Por alguns momentos, quis ter dinheiro um tanto igual ou mais que ambos os meu violentadores, apenas para dizer que é um páreo, e que a vida se faz na lei do retorno. Vivo com o necessário, uma coisa de cada e algumas coisas fazem falta como uma esteira de caminhar, mas não está tão longe dos sonhos, prefiro mesmo me debruçar na cama e repousar as pernas até que estas consigam ir e vir sem varizes nem estrias, mas o sono me recupera noites difíceis para criar quatro filhos, estudar, trabalhar e que me deixaram sono atrasado.

Fui com a enfermeira "sob pressão" para cuidar da minha mãe. Ainda havia muito ódio, repulsa, raiva, recíproco, pois sinto que ela debocha de mim por achar engraçado e não conversa comigo de igual para igual, sempre sarcástica, sequer deixa o cartão de crédito sob meus cuidados [...] é sua defesa própria, não me oponho e agora acredito ser melhor, pois não sou a autora e sim a coadjuvante e isso só leva ao pó, assim como veio, pena que ela não entenda que sua forma de se sentir cuidada significa superioridade e sim necessidade e responsabilidade dos que conhecem a Deus. Ela não entende que não é um merecimento, é uma resposta de Deus aos que lhe fazem o bem sem exigências ou troca, mas por uma educação que dei aos meus filhos de honra, fé e dignidade.

Ela foi "mandada" pelo irmão já em estado inconsciente e hoje se encontra em desvaneios (vai e vem) dia sim médio, mas sem perspectivas, pois a vida se mantém através do controle médico e da promessa de Deus que a responsabilizará por suas ações, pois assim está escrito. Não se sabe precisar qual parte ou qual órgão deixará de funcionar em algum momento, mas a medicina está disponível para qualquer evento, pois os fármacos isentam das dores e os tumores se aumentam a cada dia.

Fui para os cuidados dela por dias, foram 10 dias e noites contínuos, e consegui mudar o paradigma, mas a tudo isso, "uma obrigação", e pra mim está tudo bem. Almocei pão com presunto e café e jantei parte da sopa do hospital, pois precisei do dinheiro para pagar os substitutos na minha atividade. Respeito e ouvir o lado do outro está em patamar diverso, todavia, desisti de gostar de ser amada e respeitada, que o respeito venha natural e sem pressa.

Deixei de ser a pessoa que presenteia, pois me pareceu ser uma forma de ser vista e hoje prefiro mil vezes ser invisível, me faz melhor. Em reuniões de grupos observo que minha fala sequer é ouvida, bem como meu paladar, dai sinto não fazer falta e não ser parte, o que me faz melhor, pois gosto de estar na minha companhia e bem, a paz está dentro de mim e dela quero falar, escrever, demonstrar que a culpa foi ser a "escolhida" e não ser a culpada, pois acusar uma criança de atrair violentadores é pior quem acusa do que quem violenta, pois intenta contra uma crueldade eterna.

A vida, realidade, profissão, relacionamentos, tudo que envolve uma criança violentada a persegue, se demonstra antes de qualquer fato que venha a persistir, pois esta se apresenta como um sentimento de dor, de mal estar, de "mau vista" aos olhos dos outros, o que gera uma presa fácil quando alguns portadores de dificuldades pessoais e/ou mal relação afetiva e social se aproximam em busca de se sobrepor e se "sair bem", pois o status da vítima por ajuda-los a alguma ascensão ou elevar seu porte de garanhão, comedor e assim por diante.

Elevar a autoestima aos 5.8 é estar diante de valores que se sobrepõem a tudo e a todos, é considerar que a cinza e o pó de que veio não deixará registros, dai a necessidade de ver como pessoa de direitos, dizer "não" e "sim" e não culpar quem não foi culpado pela sua saga de perdas, de dores, de má conduta, de relacionamentos vazios, entre outros, de amizades que se foram por não entender que o objetivo da amizade era apenas uma respeitosa e afetiva ação entre pessoas próximas.

Quando me separei do meu segundo esposo, foram momentos críticos, financeiramente falando, uma mudança radical de paradigma, pois descobri que este adquirir muitas coisas para a família (duas filhas ilegítimas de um casal de filhos comum), mas, este se foi, impostamente, quando tive que optar ou os filhos ou o contraente, pois a esquizofrenia que atrai estava grave (genética) e cheguei a ficar em coma, o que até hoje acredito ter sido promovida, pois vomitada verde e minha urina virou uma gosma, e, ao final, este mesmo trouxe pessoas para orar e, vindo de um vale de gelo com 12 cobertores, me livrei em pouco tempo. Ainda não entendo, mas os anjos de Deus me deram várias mensagens para entregar a pessoas, e assim procedi. Passei por muitos meses a me recuperar e não acreditavam (empregador) que eu estava tão grave, trouxeram peritos e testemunhas para ver meu estado, mas sobrevivi para contar que "não só de pão vive o homem, mas da palavra de Deus" e viver para contar minha história é muito melhor.

Leitores, cuidado com o que ingerem, com as falsas promessas, não levam para sua casa pessoas para conhecer sua cama, sua cozinha, sua intimidade, pois o que você atraí é algo sério, e precisa vigiar a fase em que se encontra, pois se vulnerável, irá atrair vulnerável e assim por diante, foi o que ocorreu. Eu estava vulnerável e ele procurava alguém com posses para se casar, amarrar sua égua e minha família tinha posses, o que o levou a tentar se "dar bem", o que me traz até hoje dúvidas se até hoje este quitou uma dívida que pegamos dinheiro com um parente.

Conheci uma moça, que certo dia, obesa, histórico de diversas crises de asma, sempre cuidadora dos outros, fofoqueira, sabe da vida de todo mundo e não mantém ética ou sigilo de um para outro. Assim leva a vida que diz ser encarnada de uma antiga dona de bodega. Vive do fabrico de alimentos e é boa no que faz. Atualmente é cuidadora de alguém, que não entendo a submissão, pois se existem mistérios não cabem a mim investiga-los ou adentrar ao tema, pois o objeto do estudo é sua qualidade de vida: "triste, cuidadora, protetora, ouvinte e por dentro, a dor imensa de ter sido estuprada aos 11 e todos os dias seguidos do estupro ter o keller serial da sua violência te afrontando" , te diminuindo, de ameaçando, levando a tomar 2 litros de refrigerante por dia e, sem amor próprio, viver sem propósitos, pois lhe foi retirado o direito de viver de uma forma tão simples, pois um estupro pode durar menos de 5 minutos e satisfazer ao violentador, que troca, em alguns casos, a chance de penetração por balinhas ou um doce.

Violentadas e vítimas, cuidem de se libertar da saga que lhes persegue, pois não há lei, legislação, controle a mente perigosas, e vítima pode ser qualquer pessoa em questão de segundos, uma escolha do violentador, que se atrai por quem existe, nem sequer observa a aparência, pois não existe aparência ou perfil, "é qualquer pessoa" e a satisfação não é uma sequência, pode ser única e contínua até o túmulo, que pode ser seguido ou perdurar o vazio e a dor para sempre.

Violentador, mente perigosa, psicopata, cada um age conforme seu instinto e se apresentam de forma variada, entre os "nobres e ilustres a moradores de rua", todavia, o cárcere, em levantamento presenciei que dos 413 reclusos apenas 1 se encontravam em um espaço reservado para o grupo, inaceitos pela comunidade carcerária. É tão pequeno o grupo de violentadores, psicopatas, que não se te compreensão de porque não existe evolução em nível mundial para centros de tratamento especializado, pois a denúncia da família pode piorar a qualidade de vida dos filhos, de maior agressão psicológica) após o enfrentamento judicial, pois na maioria dos casos, após a separação o cônjuge varão retira a companheira da chance de recomeçar e se satisfaz com a retirada dela do convívio social à sua maneira.

Utilizei de várias fugas, entre estas, plantas (milhares destas), crochê, pintura, leitura, séries, vinho até embebedar e dormir, tratamento para emagrecer, hábitos alimentares diversos, até que, na árvore genealógica, não encontrando paradigmas, questionou porque fui a vítima, tendo como resposta que fui a única que graduei e possuo recursos para colocar no papel a dor, descrever de forma única, pois me recordo que minhas primas também tinham libido elevado, assim, eu não era a única vítima, e acredito que tantas outras tiveram suas vidas sofridas silenciosamente. Na oportunidade, denuncio em nome de todas, perpetuamente, apenas para que sirva de alerta de que, serial é a vítima e não o agressor, pois para o agressor, é mais uma e a modalidade é sua satisfação e não uma série, pois não importante quantas, ele sequer conta, apenas se instado a se manifestar.

Em alguns momentos durante a noite, vivendo em um silêncio (opção devida), não gosto de música, de barulho, me questiono como a saga do agressor e violentador sexual é tão planejado, pois em segundos manipula todos à sua volta e executa seu intento, ainda sob pressão tipo "não olhe para trás", pois daí eu teria visto seus órgãos genitais o que poderia lhe afligir.

Me sinto envergonhada por ter sido assediada dia pós dia, pois vivia na casa de parentes, entregue como uma panela emprestada e essa era a forma encontrada pela minha mãe para cuidar de filhos dos outros, o que lhe trazia ascensão, ascensão esta que confundiu com amizade e respeito, e hoje, sequer, no leito da morte, com feridas na boca, no corpo, tumores nos ossos, infecção generalizando pelo corpo, estes beneficiados não lhe reconhecem com um telefonema.

Ou a vida é injusta ou não sabemos fazer nossas escolhas. Amizades de escola podem durar muito entre amigos, como professor, podem ser de respeito e elevação de valores para obter vantagens, mas, em alguns casos, o livre arbítrio leva a escolhas, entre estas, a opção de ter filhos ou não, algo que o leitor deve pensar e avaliar, pois filhos não são panelas de pressão que podemos emprestar ao vizinho e buscar depois.

A saga da vida é mais simples do que se parece, todavia, os danos da infância ou da fase qualquer em que a violência sexual atinge um homem ou uma mulher necessita de contínua e ininterrupta intervenção para que reconheça que a culpa da convivência em sociedade não é privada, nem contida, é permitida e falta muito até que o ser humano encontre outras formas de satisfação senão o sofrimento alheio.

O sofrimento alheio é uma temática pouco discutida. Há pouco deu-se início ao burnout, algo que ocorre desde os primórdios, agora selecionam por tipo de paciente para análise de sintomas, o que, na verdade, o cuidador vítima de burnout são os que menos gritam por seus direitos, que não se queixam, obedecem e se submetem por se sentirem fracos e se deixam oprimir até a morte.

Ser doente e estar doente é uma prevenção de cada um de nós, assim como se fazer de vítima para "ser amado" "receber amor", é uma doença que precisa ser assertivamente tratada, pois não está escrito que somos obrigados a cuidar uns dos outros, além das nossas limitações, tudo tem que ser gradativo, tolerável, suportável e cada um responde por suas ações em livre arbítrio, assim como ocorre em outros países que o seguro de saúde é cobrado a todos e a assistência é recíproca e horizontal, uma das medidas que precisam ser exigidas no Brasil para diminuir os cartéis da medicina e os beneficiários que se graduam online e receitam vitaminas a portadores de HIV, entre outras barbaridades.

Não menosprezo os pesquisadores, profissionais sérios e comprometidos, mas teço ressalvas aos cartéis que mantém em UTI's corpos congelados para melhor ter diárias aos planos de saúde.

Saúdem mental ainda é preocupação de poucos, uma abertura muito pequena passa a fazer parte do cenário no recrutamento de profissionais, que antigamente só se conhecia este quando do primeiro dia de trabalho, hoje, diferentemente, o candidato passa por várias seleções, entrevistas, uma preocupação que se busca ajustar no mercado de trabalho para se "prevenir" .eventos que tragam danos posteriores.

Aos 59 anos já me preparo para a terceira idade, asilo, uma preocupação que me foi oportunizada em "ver o amanhã". As noites não são solitárias, são ansiosas, o que combinam com picolés (menos calorias) e não massas e doces. Mas, a taruira que reside no meu quarto dá o ar da graça de vez em quando, e nos comunicamos a partir de observações e combinações, lembrando a animais outros que foram fiéis a seus donos em cima do túmulo.

Não me restam saudades, pois nunca tive uma vida com muitas fotos, lembrança, passada além das memórias, preservou-me sempre em prol da dignidade aos filhos, mesmo tendo errado muito e muitas vezes. Quanto ao legado, não sei se posso falar em herança de batalhas e conquistas, pois muitas não foram registradas para outra oportunidade, fatos que marcaram minha inexperiências, depressão, onde eu aguardava ser entendida e compreendida em ambientes de trabalho pois o que importava era apenas minha função e desempenho.

É bem mais fácil debochar, menosprezar e criticar, em especial, mulheres divorciadas há mais de 40 anos, pois era possível se falar em ser espancada, saber do marido com homens, com mulheres nas noites, mas desfilar com carros bons e uma boa cesta no final de semana para suprir a lacuna, até que a lei Maria da Penha com a descrição do que é realmente violência, mudou o cenário brasileiro.

Não sei falar de coisas sem menção a fatos, mas repito: "a violência deve ser abolida". E não existe o "mudar", pois não há que se falar em fármacos possíveis de transformar o caráter, nem cárcere que o faça uma pessoa melhor, apenas Deus se for buscado com coração puro.

Na Busca constante de Deus, respostas me foram dadas, entre estas, perdoar e ser perdoado e isso é bom. Em uma campanha de 365 dias rezando o pai nosso, algumas amigas que me menosprezaram a sabedoria retornaram e disseram a mesma frase: “sumida”, como se a obrigação fosse minha em manter a amizade.

Amizade é algo recíproco e por incrível que pareça, de toda a minha história, somente duas amigas sabiam da violência sexual e dos desafios, eu e Deus.

Certa feita, em uma dificuldade muito grande em havia planejado fazer um seguro de vida, promover um acidente e resolver a situação da família: “não havia nada em casa para alimentar meus filhos”, as contas não estavam batendo e meu segundo casamento me abalroou de contas, e na pressão, paguei as contas e não sobrou para o necessário, quando ouvi no banco o gerente dizendo: [...] em caso de suicídio, o seguro não cobre. Voltei para casa, fui a um mercado, fiz uma ficha e comprei todo o necessário para pensar no dia seguinte como pagar.

Uma filha havia sonhado que eu estaria recebendo um cheque e eu tinha mesmo uma ação trabalhista antiga, e ao chegar ao trabalho uma moça me disse: “estou te procurando para te entregar um cheque”. Foi real: “paguei o mercado, agradeci, ninguém entendeu nada, abasteci minha botija de azeite, paguei os 4 talões de luz, água, telefone, farmácia e segui vida avante.

Então, o agir de Deus está diante de nossas necessidades e não do que pedimos, insistir em clamar por misericórdia é mais do que justo, mas viver como justo é a questão divina, questão esta que deve se sobrepor ao luxo e ao agrado de Deus, o que é tão simples, é apenas fazer ao outro o que gostaria que fizessem a você.

Lá vem as enchentes, uma mudança de paradigma a ocultos, pessoas que nunca vimos, e raramente vemos alguém se postando de joelhos a pedir a Deus misericórdia, pois a natureza se assemelha a um dilúvio, mas ainda não se levantaram profetas para construir uma arca, pois arcas já existem, todavia, não estão à altura da ira de Deus aos malfeitores, pois até o titanic, que desafiou Deus, afundou e deixou fatos.

De norte a sul no globo terrestre, temos aguas submersas, e estas logo serão pouco para manter a vida. O deserto, já se comprovou, pode produzir agua novamente, mas, controlar as águas que buscam suas contenções, é algo que a ciência não conseguiu evoluir para direcionar as nuvens, o sol, o dia e a noite e limitá-lo conforme a vontade do homem.

Já buscar residir em marte, o que custa 1 angstrom de menor que toda a terra trabalhando na pesquisa do câncer que destrói vidas e deixa uma dor em que é acometido e aos que ficam. A medicina busca junto com as ciências da mente reverter danos, mas suicídios e vingança privada ainda tomam conta de um submundo do ilícito (incontrolável), pois o Estado não consegue conter, eis que o envolvimento de entes públicos deixa a desejar em várias searas.

No gram poder, se assim pode-se afirmar, a política é hipócrita, pois o desafio do controle interior do homem é frágil de perverso, passando a uma nova versão de personalidade em critérios das massas em que envolve o poder e sua seleção e ascensão, enfim, o caos da humanidade.

Nas assertivas da vida, por diversas vezes tentei ser nobre e exigente comigo mesma e menos humilde para não precisar de ninguém. Ocorre, todavia, que o preço que Deus me exige é tão sublime e surreal que supera desafios e me coloca em critérios de ser superior e não se igualar aos tolos.

Conviver com o meu agressor, com quem me fez mal por perversidade não me faz superior, me faz normal e assertiva.

Não se pode culpar Deus pela violência, mas deve-se desvincular-se da condição do violentador e buscar encontrar-se dentro de uma realidade possível de felicidade. São encontros estes que devem persuadir em seu próprio caráter, seus anseios, perspectivas, sem exageros nem vitimização, pois as consequências foram para mim as apresentadas, as suas, com certeza, foram diferentes, então, conte sua história, escreva cartas e desabafe dentro da sua verdade, da sua dor, que, não cura, mas ameniza.

Assim como a Maria da Penha, existem tantas outras como nós, e se continuarmos a silenciar, cada dia será mais difícil. Decidi ir ao pó ciente dos danos de quando meu violentador souber, por outros, e se identificar, o que será um prazer denunciá-lo com o intuito de fazê-lo ciente da necessidade de pedir perdão e retirar de sua vida o sofrimento que carrega e repor, à sua maneira, o dano causado.

Não tenho mais medo, tenho muita coragem para escrever histórias outras que estão na mente, instigando e intrigando, modificando uma qualidade de vida que pode ser alterada a partir da ciência de que é possível libertar-se de “sombras” que nos perseguem em forma de demônios devoradores dos nossos dias e noites, trazendo sombras aos nossos olhos, tristeza que em momentos únicos e registrados podem mudar essas lembranças.

Nas nuances da vida, os recursos são poucos para se demonstrar o que sentimos quando saímos de casa, pois cada olhar parece nos ver por dentro, nos identificar como extraterrestres, resquícios de um lado da mente que parece não se coadunar com o cérebro.

Em considerações finais, tenho que a previsão para o título desta era obra seria "eu sou", seguido por mais seis episódios, "tu es", "ele é", "nós somos", "vos sois e "eles são". Ocorre que, no decorrer dos eventos pude constatar que não se trata de eventos e fatos que marcaram e registram minha vida e sim de um evento diverso das interpretações do que seja um serial, pois entendo e passo a denominar serial a vítima de violência sexual na infância abusada, pois esta sim tem uma saga eterna de violência dia a dia.

Esta obra é uma resposta a indagações a desajustes na saga de uma das inúmeras crianças abusadas na infância, desacreditada, desajustada, obesa em busca de informar, esclarecer e demonstrar quem é realmente o serial: o que sofre a violência diariamente e não o que se satisfaz em seu intento sagaz.	

Printed by Books on Demand GmbH, Norderstedt / Germany